RADIO E TV AL BIVIO

Antonio Diomede - Presidente della REA
(Radio Televisioni Europee Associate)
intervistato da Rainero Schembri

Foto di copertina: Antonio Diomede intervistato dal giornalista Rainero Schembri davanti a Montecitorio in occasione della manifestazione organizzata dalla REA il 30 maggio 2017 per protestare contro il Decreto Legislativo definito *Ammazza Emittenti* che rischia di far chiudere numerose radio e televisioni locali.

FRASI FAMOSE SULLA TELEVISIONE

Odio la televisione. La odio come le noccioline. Ma non riesco a smettere di mangiar noccioline.
(Orson Welles)

La televisione è quell'apparecchio che permette a persone che non hanno niente da fare di guardare gente che non sa fare niente.
(Fred Allen)

La vita non imita l'arte, imita la cattiva televisione.
(Woody Allen)

La vita potrebbe essere divisa in tre fasi: Rivoluzione, Riflessione e Televisione. Si comincia con il voler cambiare il mondo e si finisce col cambiare i canali.
(Luciano De Crescenzo)

Dopo tre apparizioni in video, qualunque coglione viene intervistato, dice la sua e anche quella degli altri.
(Enzo Biagi)

Il mondo ha bisogno di leader con una visione invece che di leader in televisione."
(Lech Walesa)

La televisione è un apparecchio che ha trasformato la cerchia familiare in un semicerchio **(Gigi Proietti)**

Minimizzare la corruzione, nascondere l'imbarazzo, tacere problemi e malefatte: la Tv è importante per le notizie che non dice, per le domande che non pone, per le critiche che non offre, per le denunce che non fa.
(Beppe Severgnini)

La televisione ha fatto molto per la psichiatria facendola conoscere, ma ha anche contribuito a farne aumentare il bisogno."
(Alfred Hitchcock)

REALTA' E PROBLEMTICHE DELLE TV LOCALI A SEGUITO DEL DPR 146 DEL 12 OTTOBRE 2017

Composizione del comparto radiotelevisivo

TV locali - 480

Radio locali - 1.200

Obiettivi dichiarati del DPR 146 del 12 ottobre 2017

"...assicurare la piena attuazione dei principi di cui all'articolo 21 della Costituzione, in materia di diritti, libertà, indipendenza e pluralismo dell'informazione, nonché di incentivare l'innovazione dell'offerta informativa..."

Cosa prevede

Destinare, in rapporto al numero degli abitanti per Regioni, più di cento milioni l'anno alle prime cento televisioni locali che abbiano da 8 a 14 dipendenti e da 2 a 4 giornalisti professionisti.

Conseguenze

Chiusura di circa 380 piccole e medie televisioni locali (che non sono in grado di assumere il numero di dipendenti richiesto)

Nuovi disoccupati: stimati in 2.500 dipendenti

Ruolo dell'Auditel

Viene affidato all'Auditel un compito determinante nella selezione delle emittenti, cioè, a una società non certificata dall'AGCOM né da alcun ente o istituto scientifico nazionale o europeo.

Proposte della REA

A – Al posto dei criteri *quantitativi* della popolazione dovrebbero prevalere i criteri *qualitativi* delle trasmissioni

B - Introdurre la possibilità di prevedere che i predetti abnormi e penalizzanti requisiti possano essere raggiunti attraverso la partecipazione a bandi di emittenti organizzate in "Associazione di scopo", con l'obiettivo di salvare sia lo scopo primario dei diritti costituzionali in materia di informazione, sia il vitale scopo di non creare disoccupazione.

COMMENTO DI PIPPO BAUDO

(al DPR 146 del 12 ottobre 2017)

È come dichiarare la morte delle piccole tv

La legge mi sembra eccessiva perché dare un peso di quattordici persone a una piccola televisione significa caricarla di spese enormi che non vengono ovviamente coperte nel rapporto con il territorio mentre l'importanza delle televisioni e radio locali è enorme perché allineano il territorio ai problemi locali.

C'è un rapporto di fidelizzazione del pubblico con le emittenti locali molto forte. Ovviamente con quattro giornalisti professionisti e altri dieci tecnici non ci si fa. È come dichiarare la morte. Mi dispiace.

Video da vedere:

Manifestazione della REA a Montecitorio

https://www.youtube.com/watch?v=h9SJHZAcCOk

Il Seme di un nuovo Stato Sociale

https://www.youtube.com/watch?v=WqI_YhRpNp

INDICE

Prima parte

Seconda parte: ARTICOLI E INTERVISTE

Dal mondo dell'informazione

Informazione e Stato Sociale

Contesto Internazionale

PRIMA PARTE

INTRODUZIONE

La grande ventata di innovazione e libertà avviata verso la fine degli anni settanta con la nascita delle radio e televisioni locali rischia di svanire completamente nei prossimi anni. Le piccole e medie radio e Tv in Italia (poco meno di mille e settecento) si trovano davanti a un bivio: o riescono a coinvolgere e ottenere il sostegno dell'opinione pubblica nella loro battaglia per la sopravvivenza o sono destinate a sparire in larga misura. E con loro verranno cancellati non solo migliaia di posti di lavoro ma anche una grande fetta del pluralismo informativo.

In questo libro Antonio Diomede, Presidente della REA (Radiotelevisioni Europee Associate) descrive le varie tappe di un disegno politico che partendo da lontano rientra perfettamente in una logica internazionale voluta da alcuni grandi gruppi economici (operanti soprattutto nel campo delle telecomunicazioni) intenzionati a restringere notevolmente la libertà d'informazione, ultimo argine alla più grande concentrazione del potere politico ed economico della storia.

In questo contesto, il recente Decreto del Presidente della Repubblica del 23 agosto 2017, n. 146 ne costituisce solo l'ultimo esempio dell'allineamento italiano alla logica dei poteri forti.

Tra le varie 'assurdità' di quest'ultimo provvedimento legislativo c'è, ad esempio, l'obbligo insostenibile per la stragrande maggioranza delle emittenti locali di avere un consistente numero di dipendenti e giornalisti professionisti per poter accedere ai sostegni pubblici.

Inoltre, come rilevato dalla REA, l'articolo 6 comma 1 della legge consente alla società AUDITEL, i cui dati di ascolto non sono certificati da nessuno, di decidere a quale emittente televisiva locale spetta un punteggio fino a 30 punti per ricevere il contributo statale stabilito dalla legge 298/15. In pratica una società privata in conflitto d'interessi con le televisioni locali concorre in modo importante a determinare quanti soldi dovranno ricevere dallo Stato.

Quasi sicuramente si salveranno solo le 100 emittenti al servizio del potere dominante. Le altre saranno costrette a chiudere battenti. In questo modo si liquida barbaramente l'articolo 21 della Costituzione sulla libertà d'informazione ma nessuno ne parla.

Da diversi anni, comunque, la REA non si limita a difendere l'esistenza e l'interesse dei propri associati (che rimane, ovviamente, il suo primo e naturale compito istituzionale) ma è impegnata anche a promuovere e a sostenere giornalisticamente le istanze sociali delle popolazioni soprattutto a livello locale. In altri termini, attraverso il coinvolgimento di un crescente numero di emittenti televisive e radiofoniche, giornali e organi d'informazione on-line, è stata avviata una grande opera intesa a sensibilizzare l'opinione pubblica sull'assoluta necessità di promuovere in Italia (e, possibilmente anche in Europa e nel mondo), la nascita di un forte ed efficiente Stato Sociale (argomento approfondito in un volume incentrato sui 7 Bisogni Capitali di uno Stato Sociale).

Questo Progetto della REA non potrebbe, del resto, prescindere dal coinvolgimento di una vasta rete di emittenti locali, le uniche in grado di promuovere e controllare che i vari provvedimenti decisi dal Governo trovino poi un'adeguata e corretta applicazione a livello territoriale.

Su questo ambizioso progetto la REA ha aperto da alcuni anni un vasto dibattito con rappresentanti del mondo scientifico e culturale. Nella seconda parte di questo volume vengono, infatti, riportate diverse interviste e articoli di personaggi importanti e di gente comune ma con esperienze significative: tutti insieme hanno fornito un prezioso contributo di idee, proposte e anche di critiche al progetto REA di creazione di un nuovo Stato Sociale.

Inoltre, vengono indicati alcuni link dei numerosi filmati che la REA ha fatto circolare sul web e che grazie al supporto e alla collaborazione disinteressata di tantissime persone (esperti, giornalisti, operatori sociali) hanno superato in poco più di un anno le 30 mila visualizzazioni, a ulteriore testimonianza che i problemi della libertà d'informazione e della necessità di rivitalizzare i diritti sociali trovano un largo consenso.

Rainero Schembri

50 DOMANDE AD ANTONIO DIOMEDE

Antonio Diomede, fondatore e Presidente della REA (Radiotelevisioni Europee Associate), giornalista nonché direttore responsabile di diverse testate radiotelevisive locali, nasce, a Bari il 24 aprile 1941 da papà Andrea, ferroviere, e mamma Laura Vernice, sarta, genitori di altri quattro figli.

Antonio ha imparato da mamma Laura a essere concreto ed efficiente rendendosi utile alla famiglia e alla società nelle molteplici attività svolte durante i suoi 76 anni intensamente vissuti. La passione per la politica si svelò all'età di 13 anni durante i moti studenteschi del 1953-54 per la causa del "Territorio Libero di Trieste" e, successivamente per le lotte operaie del 1968. Negli studi si distinse in matematica e fisica studiando con particolare interesse i fenomeni elettromagnetici.

Nel 1998 pubblicò il compendio teorico-pratico 'Le misteriose onde elettromagnetiche' edizione SRE. Da sempre socialista del PSI di Pietro Nenni, simpatizzava per Francesco De Martino. Fu membro della Federazione Romana del PSI e Segretario Politico della XVIII Circoscrizione di Roma fino al 13 ottobre 1976, data in cui venne commissariato con la presa del potere del partito da parte dei craxiani. Nel 1978 lascia definitivamente il partito ma mai la passione per l'attività politica che ora è interamente dedicata all'affermazione di un nuovo Stato Sociale.

Sul versante lavorativo, nel 1978, si dedica alla progettazione e costruzione di apparati radiotelevisivi costituendo la società "SRE - Studio Roma Elettronica". Proprio in quel periodo nascono centinaia di radio e tv locali con la voglia di liberare l'etere dal Monopolio RAI. Nel giugno del 1999, dopo laboriose ricerche a livello europeo introduce in Italia il DAB – Digital Audio Broadcasting costituendo il primo consorzio di radio locali "EURODAB ITALIA" del quale fecero parte Radio Radio, Radio Ti Ricordi (ex Radio Nostalgie), Radio Antenna Alta di Pavia, Radio L'Olgiata di Roma.

Nel 2002 viene chiamato a far parte del Comitato per lo sviluppo dei sistemi digitali in preparazione del Libro Bianco sulla Televisione Digitale Terrestre edito dall'Autorità per le Garanzie nelle Comunicazioni. Nello stesso anno, in qualità di Presidente della REA, viene chiamato a far parte della Commissione per l'Assetto

Radiotelevisivo istituita con Decreto del Ministro Gasparri, in esecuzione del Decreto Legge 27 agosto 1993, n. 323, convertito, con modificazioni, dalla Legge 27 ottobre 1993, n. 422.

Attualmente è impegnato in una difficile battaglia per la difesa di centinaia di emittenti locali brutalmente attaccate dal potere dominante con provvedimenti governativi di marca neoliberale nell'evidente scopo di comprimere le libertà d'impresa e d'informazione a livello nazionale ed europeo.

01 – Diomede, più volte Lei ha sostenuto nei suoi interventi che in tutto il mondo la gestione delle telecomunicazioni rappresenta uno dei maggiori rischi per la democrazia. Cosa intendi dire esattamente?

Ormai anche la gente comune, che molte volte non si interessa di politica, comincia ad avvertire che al di sopra delle nostre teste si sta creando un super potere mondiale capace di controllare tutto e di imporre le sue leggi senza alcuna possibilità di appello. Gli Stati contano sempre di meno e sempre di più sono subordinati ai voleri di questo impalpabile ma reale super potere. Quasi sempre la gente tende a identificare questo super potere nella grande finanza e nei banchieri che non hanno né bandiera né nazionalità al di fuori del dio denaro. Ma non è così.

02 - Cioè, esiste un potere al di sopra della finanza?

Ogni sviluppo della storia moderna ha fatto leva su tre elementi: la comunicazione, l'energia e i trasporti. Chi controlla questi tre fattori ha in mano il controllo del mondo. Dopo la scoperta dei caratteri mobili da parte di Johannes Gutenberg nel XV secolo, i detentori del potere economico hanno sempre cercato di sfruttare al massimo il potenziale della comunicazione che, nel XIX secolo s'identificava nella stampa, nel XX secolo nel telefono, radio e Tv e nel XXI in internet.

Il controllo della comunicazione serve non solo alla produzione ma anche a preparare il terreno per agire in regime di monopolio che rimane, inutile nasconderlo, la massima e unica aspirazione di ogni impresa capitalistica di stampo neo liberale. Questo tipo di impresa, questo potere economico, aspira a controllare ogni forma di comunicazione. Può sembrare strano ma questo problema viene avvertito molto di più nei Paesi più poveri: in quelli più ricchi la gente è troppo distratta dal benessere.

03 - Però i mezzi di comunicazione nel mondo sono tantissimi e quindi appare difficile ipotizzare un dominio totale.

Solo in apparenza è così. Nella realtà il nascente super potere cerca di monopolizzare l'informazione. In che modo? Invece di acquistare radio, televisioni o siti web, cerca di impossessarsi della linfa vitale di questi mezzi: cioè, le frequenze. Molto più semplice.

Facciamo un esempio diverso: in campo automobilistico più che produrre automobili è importante controllare le fonti energetiche che consentono alle automobili di muoversi, penso ovviamente al petrolio, al gas e ad altre energie. Nel caso dell'informazione, veramente potente è chi gestisce le frequenze. Senza frequenze non è possibile trasmettere programmi radiofonici o televisivi.

Ecco perché la concentrazione delle telecomunicazioni rappresenta un vero pericolo per la stessa democrazia.

04 - Possiamo dare un volto a questi personaggi che aspirano a diventare i padroni del mondo?

Beh, sicuramente si trovano all'interno di quell'uno percento della popolazione che è già più ricca della metà della popolazione mondiale. Sono i signori che hanno fondato alcuni Club ultra esclusivi come, ad esempio, il Gruppo Bilderberg.

Ad ogni modo, i gruppi mondiali di telecomunicazione sono complessivamente poco meno di una trentina. Una di queste è anche la Telecom – Italia che rischia di essere controllata dai francesi di Vivendi (fondata a suo tempo da Napoleone) e attualmente guidata da Vincent Bolloré.

A proposito di telefonia, vorrei ricordare che con il G5, cioè, con i sistemi di quinta generazione, s'avvierà in tutto il mondo la terza rivoluzione industriale. Attraverso il G5 si potrà con il telefono colloquiare non solo con le persone ma anche con le cose. Ad esempio, accendere il forno di casa stando lontani. Il ruolo della telefonia crescerà notevolmente.

Io temo che entro il 2030 arriveremo a 6 - 7 società in grado di controllare direttamente o indirettamente tutta l'informazione radiofonica, televisiva, internet e la telefonia. In questo club ci saranno sicuramente gli americani, i cinesi, i russi e forse qualche società europea.

05 - Non Le sembra un po' fantapolitica?

Direi proprio di no. Prendiamo il caso di Carlos Slim, considerato uno degli uomini più ricchi del mondo. Questo imprenditore messicano di origine libanese opera ormai in molteplici settori, dalle telecomunicazioni alle attività bancarie, assicurative, al monopolio del tabacco e del petrolio messicano.

Già oggi Slim è l'uomo più potente dell'America Latina nel campo delle telecomunicazioni: detiene le tre più importanti società del continente (Telmex, Tecel e America Movil) che controllano il 73% del traffico di telefonia mobile del sub continente americano, con un bacino di utenti che supera largamente i 100 milioni di fruitori. Ecco, Slim rappresenta un classico esempio di concentrazione neo liberale operante in diversi settori strategici.

06 - In ogni caso sono processi lenti, difficili da prevedere in un arco di tempo abbastanza lungo.

Niente affatto. Ricordiamo che nel 1900 le compagnie telefoniche nel Stati Uniti erano circa 3mila. Vent'anni dopo la AT&T operava quasi in regime di monopolio. Oggi questo gigante insieme alla Verizo controlla quasi il 65%, del mercato americano, mentre il restante è suddiviso tra una trentina di aziende. Lo stesso avviene anche in altri settori. Tra i primi sette gruppi più grandi del mondo figurano 6 operanti nel campo dell'energia: tre cinesi (Sinopec, China National Petroleum e State Grid Corporation), una americana (Exxon Mobil), una anglo olandese (Royal Dutch Shell), una inglese (BP).

07 - Come si presenta, comunque, il settore delle telecomunicazioni in Europa?

Complessivamente ci sono diverse difficoltà sul piano dell'evoluzione tecnologica. Assistiamo, ad esempio, a consistenti ritardi nell'introduzione della banda larga ad alta velocità. L'obiettivo conclamato è di creare un mercato unico delle telecomunicazioni. Specificamente, per quanto riguarda l'introduzione del G5, l'Europa è indietro di quattro anni rispetto agli USA, per colpa soprattutto dell'Italia che ha chiesto (perché non preparata) di spostare l'avvio del G5 dal 2020 al 2022. Da questo punto di vista siamo, indubbiamente, il fanalino coda dell'Europa. E pensare che la REA puntava esattamente sul contrario: cioè, sull'anticipazione dell'entrata del G5.

Attualmente ci sono in Europa circa 140 operatori contro i quattro grandi degli Stati Uniti e i tre della Cina. L'obiettivo è di semplificare le regole e il taglio dei costi, proprio per favorire la concentrazione degli operatori. Tutto ciò dovrebbe facilitare, tra le altre cose, il coordinamento nell'assegnazione delle bande.

08 - Però questo tentativo di concentrazione non comporta anche dei vantaggi per il consumatore? Pensiamo, ad esempio, alla recente abolizione del roaming, che permetterà a tutti noi di telefonare in tutta l'Europa senza un sovraprezzo.

In questa fase, non v'è dubbio che ci sono dei vantaggi palpabili. La riduzione del costo dei telefonini e delle telefonate ne costituisce un esempio evidente. Tuttavia, è bene ricordarlo, che questa situazione positiva è stata resa possibile dall'esistenza di un consistente regime di concorrenza.

Però ogni concentrazione se, da un lato, consente proficui risparmi, dall'altro, porta nel suo grembo anche gravi pericoli.

09 - Può essere più preciso?

Come avviene in quasi tutti comparti economici, si tratta di capire fino a che punto la riduzione del numero degli operatori rappresenti un fattore positivo, capace di abbattere il prezzo finale dei prodotti e servizi o, viceversa, indichi un processo che conduce fatalmente verso il monopolio o oligopolio.

10 – Tuttavia non bisogna dimenticare che esistono anche delle leggi e Costituzioni che proteggono il consumatore contro i monopoli e la concorrenza sleale. Non è così?

Certamente ma è proprio per questo motivo che i poteri forti stanno cercando in tutti i modi di svuotare il ruolo degli Stati che rappresentano ancora, e per fortuna, un piccolo argine a questa enorme concentrazione di potere che sta avvenendo nel mondo e che trova nella comunicazione e nelle telecomunicazioni uno dei suoi pilastri.

11 - Sono solo sensazioni o Lei è anche in grado di fornire qualche esempio concreto?

Per la Banca d'Affari USA JP Morgan, ad esempio, la nostra Costituzione è troppo socialista, garantisce la protezione costituzionale dei diritti dei lavoratori e contempla il diritto della protesta contro i cambiamenti dello *status quo* politico.

In un documento pubblicato il 28 maggio 2013 viene spiegato nel dettaglio come andrebbero idealmente riformati i paesi del Sud d'Europa. "I sistemi politici e le Costituzioni di alcuni paesi del Sud", è scritto testualmente, "presentano caratteristiche che appaiono inadatte a favorire la maggiore integrazione dell'area europea". E pertanto vanno cambiate. In parole povere, per la grande finanza internazionale (la JP Morgan ne è solo uno dei tanti esempi), la povertà non si combatte aumentando i diritti sociali ma riducendoli all'interno delle Costituzioni.

12 – Ok. A questo punto, se Lei è d'accordo, suggerisco di lasciare un po' riposare i nostri Paperon de'Paperoni. Parliamo invece di casa nostra, rievocando, ad esempio, la nascita della REA.

La REA (ex SRE) è nata nel 1977 e quindi nel 2017 abbiamo festeggiato i 40 anni di attività a tutela delle piccole e medio radio e tv locali. La sua nascita è avvenuta in un momento di grande rottura con il monopolio RAI.

Senza voler essere enfatico posso dire che i primi anni sono stati anni eroici, da veri pionieri. Tra mille difficoltà, opposizioni politiche, cavilli giuridici, hanno visto la luce in continuazione nuove emittenti che cercavano di trovare un loro spazio e una loro precisa collocazione. E la gente guardava a questo movimento con grande interesse, simpatia e forse anche ammirazione.

13 - Poi cosa è successo?

Negli anni ottanta, durante i Governi presieduti da Bettino Craxi, ci furono ben tre decreti (conosciuti anche come Decreti Berlusconi) che consentirono alle tre emittenti delle Fininvest (canale 5, rete 4 e Italia 1) di continuare a trasmettere su tutto il territorio nazionale, nonostante che nel 1984 i pretori di Torino, Pescara e Roma, su richiesta della RAI e dell'ANTI (Associazione Nazionale Teleradio Indipendenti), avessero ordinate esplicitamente a Fininvest di trasmettere le loro reti solo nell'ambito delle 3 regioni di loro competenza e non su scala nazionale, riservata alla tv pubblica. Questa situazione di incertezza è durata per diversi anni.

14 – Esattamente fino a quando?

Una svolta è avvenuta con la legge 23 del 6 agosto del 1990, la cosiddetta legge Mammì, promossa dall' allora Ministro delle poste e delle telecomunicazioni (dal 1987 al 1991), il repubblicano Oscar Mammì, scomparso recentemente. Questa legge ha consentito a un soggetto privato nazionale (parliamo, ovviamente, di Berlusconi) di possedere ben tre frequenze in concorrenza con la RAI e con la piccola e media emittenza locale.

Anche se la legge Mammì, nella sostanza, si limitava a fotografare la situazione esistente, rappresentava pur sempre la prima legge che si riprometteva di disciplinare il sistema radiotelevisivo pubblico e privato in Italia.

In altri termini, la legge stabiliva che la diffusione di programmi radiofonici o televisivi, realizzata con qualsiasi mezzo tecnico, aveva un carattere di preminente interesse generale. Inoltre, si richiamava al principio del pluralismo dell'informazione e imponeva il rispetto di alcune condizioni ben precise.

15 - Quali?

Ogni canale televisivo doveva avere un proprio direttore di rete e un telegiornale con un giornalista professionista nel ruolo di direttore responsabile. Veniva poi vietata la pubblicità durante i cartoni animati e fissati dei limiti alle interruzioni pubblicitarie durante i film. In seguito ha consentito la creazione dell'Agcom come organo di tutela contro la concorrenza sleale e il dominio dei grandi potentati economici. La legge ha avuto, comunque, un parto molto travagliato.

16 - Perché?

Perché la legge Mammì sanciva di fatto la divisione fra reti pubbliche e private, fissando una serie di regole in un settore che si trovava in forte espansione e che gradualmente si caratterizzava con l'affermarsi del duopolio Rai e Fininvest. Questa situazione è diventata ancora più complessa con la discesa in campo di Silvio Berlusconi quale nuovo leader politico.

Per dare l'idea del clima politico vissuto in quel periodo è sufficiente ricordare che all'epoca si dimisero ben cinque ministri della sinistra DC, tra cui l'attuale Capo dello Stato Sergio Mattarella.

17 - Per quale motivo?

La situazione è esplosa quando il Presidente del Consiglio Giulio Andreotti su richiesta del Partito Socialista sottopose la legge al voto di fiducia.

I contrari alla legge, da loro chiamata *Polaroid* (perché si limitava a ratificare la situazione esistente), sostenevano che si trattava di un enorme regalo a Silvio Berlusconi e al suo nuovo partito Forza Italia. Da registrare che la legge è passata in Parlamento grazie all'astensione del Partito Comunista e del suo responsabile per la Comunicazione, Walter Veltroni.

18 - C'è stata, comunque, anche un'opposizione da parte della Corte Costituzionale.

Certamente. La Corte Costituzionale si era accorta, infatti, di questa abnorme concessione sentenziando che Rete Quattro dovesse liberarsi dalle frequenze terrestri per trasferirsi sul satellite in modo da lasciare una buona quantità di frequenze libere in nome del pluralismo radiotelevisivo. Cosa che non è mai avvenuta.

Quella sentenza è stata, infatti, ignorata da tutti i governi, sia di destra, sia di sinistra, ed elusa dalla successiva legge Gasparri. La sua mancata attuazione ha comportato che le frequenze disponibili non fossero sufficienti a soddisfare tutti e, prime fra tutte, le locali che sopportarono la conseguenza della rottamazione iniziata dal Governo Berlusconi e poi proseguita da tutti gli altri governi che si sono succeduti.

19 - Parliamo allora della legge Gasparri.

A 15 anni di distanza dalla legge Mammì, venne approvata la legge numero 112 del 3 maggio 2004: si è trattata di una nuova legge di regolamentazione del sistema Tv, firmata da Maurizio Gasparri, ministro delle comunicazioni del Governo Berlusconi. Anche questa legge ha alimentato un mare di polemiche.

Nella sua prima versione è stata approvata il 2 dicembre 2003 ma il Presidente della Repubblica Carlo Azeglio Ciampi l'ha rinviata alle Camere per due motivi: perché ravvisava la necessità di fissare termini più brevi per la regolamentazione del digitale terrestre e perché intravedeva dei pericoli di creazione di posizioni dominanti a danno del pluralismo.

20 - Comunque, alla fine la legge è passata.

Certo, dopo 130 sedute e 14mila emendamenti e in barba alla decisione della Corte Costituzionale che aveva ordinato la messa sul satellite della Rete 4 di Mediaset: cosa che, come già detto, non è avvenuta con conseguente perdita di pubblicità per Rai 3. Comunque le novità introdotte dalla legge Gasparri sono state essenzialmente quattro:

la *prima* riguardava l'introduzione di un limite al cumulo dei programmi e alla raccolta delle risorse economiche. Si teneva conto del cosiddetto Sistema Integrato delle Comunicazioni (fatto da radio e televisioni, stampa quotidiana e periodica, editoria cartacea, internet, cinema e pubblicità). Il limite della raccolta pubblicitaria è stato fissato in 20%;

La *seconda* novità riguardava lo switch-off, cioè il passaggio al digitale terrestre entro il 31 dicembre 2006.

La *terza* novità, definiva i titoli abilitativi per lo svolgimento delle attività di operatore di rete o di fornitore di contenuti televisivi o radiofonici;

Infine, la *quarta* caratteristica della legge stabiliva che l'autorizzazione non comportava l'assegnazione delle radiofrequenze.

Anche questa legge ha trovato numerose opposizioni, pure in sede europea. La Commissione intraprese, infatti, addirittura una procedura d'infrazione.

21 - Per quale motivo?

Si è ritenuto che la legge fosse incompatibile con il diritto Comunitario. Il 31 gennaio del 2008, la Corte Europea di Giustizia ha emanato una sentenza definitiva, che dichiarava che lo status di assegnazione delle frequenze per la trasmissione radiotelevisiva "è contrario al diritto Comunitario, non rispetta il principio della libera prestazione dei servizi e non segue criteri di selezione obiettivi, trasparenti, non discriminatori e proporzionati.

In quella sede l'Italia si è impegnata formalmente ad ottemperare alle indicazioni europee. Ma la storia non finisce qui.

22 - Cosa è avvenuto dopo?

Nel 2008 il nuovo Parlamento tentò di far approvare nell'ambito del 'provvedimento milleproroghe' un emendamento alla legge Gasparri stabilendo che chi ha il diritto di trasmettere continui l'attività "fino all'attuazione del piano di assegnazione delle frequenze Tv in tecnica digitale". Contro questo emendamento si è sollevata una grande protesta da parte delle opposizioni che ritenevano trattarsi di un'ennesima norma *Salva Rete 4'*.

È vero che dopo le proteste la mozione è stata ritirata ma Rete 4 è sempre rimasta caldamente al suo posto.

23 - Oggi come si presenta la situazione?

Veramente ancora peggio. Secondo le notizie che circolano, c'è il rischio di una concentrazione ancora più allarmante. Parlo del tentativo dei francesi di Vivendi di accorpare anche Mediaset e Telecom Italia, società nelle quali il proprietario Vincent Bolloré detiene rispettivamente il 20% e il 23,1%.

Su questa vicenda, che è ancora tutta aperta, si è espressa con preoccupazione anche l'Agicom, l'organo che sulla carta garantisce il pluralismo. Lo stesso hanno fatto anche banche come Intesa Sanpaolo e Unicredit, nonché il sindacato della Cisl. Anche il Governo, a guida PD, si è mostrato molto preoccupato della scalata di Vivendi su

Mediaset: una preoccupazione, si noti bene, che non è stata avvertita in occasione della scalata della stessa Vivendi su Telecom, che rappresenta sicuramente una risorsa strategica per l'Italia, soprattutto sul piano delle infrastrutture di rete.

24 - Comunque che valutazione si può fare della legge Gasparri?

Anche se l'ex ministro Gasparri continua a parlare di una legge neutrale è evidente che ha favorito le emittenti di Berlusconi. Del resto non poteva essere diversamente visto che Gasparri era uno dei ministri del Governo Berlusconi. In ogni caso, molti propositi della legge non sono stati realizzati, tra cui la privatizzazione della RAI (ma questo, a mio avviso, è un bene) mentre persistono situazioni di oligopolio televisivo, soprattutto per quanto riguarda il mercato delle frequenze.

25 - Tuttavia, è grazie allo sviluppo del digitale terrestre che abbiamo oggi un pluralismo di canali e offerte televisive senza precedenti. Non lo giudica un fatto positivo?

Alt, è vero che oggi abbiamo oltre 500 televisioni sul digitale terrestre, tra nazionali e locali. Considerando che ogni televisione gestisce 6 canali possiamo dire che complessivamente i canali sono circa 3 mila.

Detto ciò, è anche vero che lo share e i ricavi praticamente sono divisi tra Rai e Mediaset sul terrestre, mentre Sky domina completamente sul satellite. Nella sostanza, ognuno è diventato semi monopolista: La Rai con il suo canone inserito addirittura in bolletta, Mediaset sul digitale terrestre e Sky per quanto riguarda la pubblicità sul satellite e con le pay-tv.

E poi c'è il problema delle frequenze che continuano ad essere riservate soprattutto ai gruppi che già detenevano frequenze nazionali. Eppure, la Commissione Europea ha richiamato l'Italia sulla necessità di allargare il mercato delle frequenze a nuovi operatori di rete. Purtroppo, in questo panorama tipicamente italiano solo Urbano Cairo, proprietario di La7 è riuscito a inserirsi.

26 - Ma come si presenta il quadro complessivo dei detentori delle frequenze in Italia?

La divisione dei multiplex nazionali in DVB-t tra gli operatori di rete del nostro Paese resta ancora fortemente squilibrata tale da non consentire la chiusura della procedura di infrazione da parte della Commissione UE nei confronti dell'Italia. Per quanto riguarda l'assetto di mercato per numero di operatori e mux assegnati la situazione si presenta così: E. Industriale (EI Towers–Mediaset): 5; RaiWay (Rai): 5; Persidera (Telecom-L'Espresso): 5; Premiata Ditta Borghini & Stocchetti di Torino: 1 (Rete Capri); Prima Tv: 1; Europa Way: 1; H3G: 1; Cairo Network: 1

27 - Su tutta questa situazione vigila comunque l'Agcom, l'autorità per le garanzie nelle comunicazioni istituita con la legge 249 del '97, conosciuta come legge Maccanico. Cosa ne pensa di questa istituzione?

Sulla carta l'Autorità vigila sulla libertà dell'informazione, sulla segretezza delle comunicazioni, sul corretto esercizio della concorrenza, sui pericoli determinati dalle posizioni dominanti, sugli accordi internazionali, sui piani di assegnazione delle frequenze, sullo sviluppo tecnologico, sul controllo sui sondaggi, ecc.

Recentemente il Consiglio di Stato ha affidato all'Agcom anche la competenza esclusiva in materia di tutela dei consumatori nell'ambito specifico dei servizi di comunicazione elettronica. Semestralmente, poi, l'Agcom (formato da quattro commissari eletti dal Parlamento e dal Presidente proposto dal Presidente del Consiglio) presenta una relazione al Parlamento.

Cosa dire dell'Agcom?

Come quasi tutti gli organi di controllo apparentemente neutrali, nella realtà subiscono le pesanti pressioni del mondo politico ed economico e raramente tutelano veramente le parte più debole.

28 - Visto che ci siamo, perché non diciamo qualcosa anche sulla Commissione di vigilanza della Rai?

In questo caso si tratta veramente di un organo politico puro, visto che i suoi membri sono interamente nominati dal Parlamento. Questa Commissione, che tra l'altro nomina alcuni membri del Consiglio d'amministrazione della RAI, è stata istituita nel 1975 con il compito di indirizzo e vigilanza sui servizi radiotelevisivi. È formato dal Presidente, da due vice Presidenti e due segretari, nonché da 19 senatori e 16 deputati.

Alla Commissione viene chiesta una *mission impossibile*: cioè, che siano i politici a tenere l'informazione separata dagli interessi politici e di partito. L'allontanamento nel corso degli anni di alcuni professionisti di valore, per non parlare della macroscopica lottizzazione avvenuta in Rai, non ha bisogno di altri commenti.

29 - A proposito di politici, come viene seguita in Parlamento la realtà delle piccole e medie emittenti?

Nella migliore delle ipotesi in maniera distratta. Una conferma la abbiamo avuta il 30 maggio 2017 quando molte emittenti hanno protestato davanti a Montecitorio contro la legge da noi definita *Ammazza emittenti*, diventata operante con il DPR 146 del 12 Ottobre 2017.

In quella circostanza, abbiamo fatto notare ai parlamentari che alcuni provvedimenti, come l'obbligo di assunzione di un consistente numero di dipendenti e giornalisti, comportava la chiusura di gran parte delle radio e televisioni, nonché il licenziamento di migliaia di persone.

Ebbene, dire che in quella circostanza la maggioranza dei politici ha fatto *orecchie da mer*cante, è un eufemismo.

30 - Come si spiega questo fatto?

Purtroppo, gran parte del mondo politico ha deciso di considerare il valore costituzionale della libertà d'espressione, esercitato dalle emittenti locali, un fastidioso problema da liberarsi quanto prima possibile per accaparrarsi definitivamente di tutti i mezzi di comunicazione (frequenze) sulla base della teoria, poi divenuta legge, della separazione tra operatori di rete e fornitori di contenuti.

In sostanza, nel momento stesso in cui tutta la grande stampa era concentrata sulla tragedia dell'immigrazione e sulla vergogna dello scandalo Mafia Capitale è iniziato in sordina un altro dramma dai risvolti imprevedibili: la progressiva chiusura forzata di diverse emittenti radio televisive. Cioè, proprio di quegli organi di stampa che sono a più diretto contatto con la gente e che meglio riescono a interpretare sul posto gli umori e le esigenze dell'opinione pubblica.

In altri termini, si sta manifestando una precisa volontà di rottamare la maggior parte delle piccole e medie radio e televisioni italiane mediante la limitazione delle frequenze destinate alle emittenti locali. E questo è gravissimo.

31 - È possibile quantificare le conseguenze di queste scelte?

Togliere a un'emittente la frequenza significa impedire l'esercizio della libertà d'informazione. Nei fatti, sarebbe come chiudere la tipografia di una testata giornalistica. Da sottolineare che il comparto radiotelevisivo privato occupa, nell'ambito delle emittenti locali, circa settemila persone di cui 3400 addetti alle attività radiotelevisive e 3600 alle attività radiofoniche, senza contare poi l'indotto. Tale sciagurata decisione ha prodotto oltre duemila cassa integrati che presto potrebbero aumentare notevolmente. Si stima che arriveremo a 2.500 licenziamenti. Ma non è finita.

Entro il 2022 la banda 700 (canali tv dal 50 a 60) passerà ai telefonici e, conseguentemente, avremo un altro pauroso taglio occupazionale che appare difficilissimo da arginare.

32 - Come pensate di affrontare questa situazione?

Su questo argomento si è svolta recentemente un'importante riunione tra la direzione del MISE (Ministero dello Sviluppo Economico) e le radio e Tv alla quale ha partecipato anche la REA. In quella circostanza la rappresentante del Ministero, Eva Spina, si è soffermata sull'intenzione dell'Unione Europea in merito al rilascio della banda 700 entro il 2022, suggerendo a tutti di prepararsi per tempo. La conclusione è che alle locali rimarranno solo 5 frequenze coordinate mentre le nazionali potranno disporre di ben 10 frequenze.

In questo quadro permangono forti rischi di chiusura per le piccole e medie Tv locali, che non hanno i mezzi economici per adattarsi ai nuovi standard richiesti se non vengono agevolati e aiutati. Tutto ciò andrà a vantaggio delle grandi emittenti che impossessandosi delle frequenze lasciate libere dalle piccole emittenti, potranno incassare miliardi senza perdere un solo programma Tv.

33 - Comunque c'è chi obietta che sono stati messi a disposizione quasi 51 milioni di euro a titolo di indennizzo per le emittenti costretti a chiudere. Lei cosa risponde?

Che 51 milioni rappresentano appena il 20% del valore effettivo delle reti che dovranno essere dismesse per legge. Pertanto, per chi rottama, non sarà possibile riconvertire l'attività di editore radiotelevisivo in alcun altro genere merceologico e produttivo.

Purtroppo, questa l'amara verità, lo Stato italiano di fronte allo sviluppo tecnologico, non è stato neutrale ma ha usato due pesi e due misure con le locali privilegiando le reti nazionali che hanno potuto avere frequenze in abbondanza e tutte coordinate in sede internazionale mentre alle piccole sono state assegnate frequenze non riconosciute dall'Europa e, quindi, soggette a recare interferenze ad altri Paesi che a loro volta reclamano una violazione degli accordi UE. Contro questa ingiustizia la REA è disposta a fare ricorso fino alla Corte di Strasburgo.

34 - Anche se molto doloroso forse bisogna prendere atto che la chiusura delle emittenti locali rispecchia una crisi

economica che ha colpito tantissime altre aziende e nei settori più diversi.

Certo, soltanto che le aziende che operano nel campo della comunicazione sono qualcosa di diverso rispetto alle altre aziende. Qui non si tratta solo di salvare posti di lavoro ma anche la libertà e il diritto a essere informati. Pensiamo solo alla questione dei diritti sociali, uno degli argomenti seguiti con grande attenzione e interesse da parte della REA.

Apparentemente si tratta di un fatto globale che riguarda nel suo insieme l'Italia, l'Europa e il mondo. Tuttavia, è a livello locale che i vari provvedimenti vanno misurati per capire se effettivamente le varie leggi, provvedimenti e disposizioni sono in grado di migliorare le condizioni sociali della popolazione.

Solo una radio e televisione locale può controllare, ad esempio, se nelle singole città la distribuzione dei generi alimentari viene fatta correttamente, se esiste un efficiente sistema di riuso dei vestiti, se vengono utilizzati adeguatamente gli immobili abbandonati, se i *pronti soccorso* funzionano, se il livello di insegnamento nelle varie scuole è aggiornato, se sono state commesse delle ingiustizie meritevoli di un'adeguata tutela giuridica.

Inoltre, sentendo gli esperti, queste radio e televisioni locali potrebbero avvicinare la gente alle istituzioni locali in modo da trovare le migliori soluzioni ai vari problemi.

35 - D'accordo, ma quante sono poi in concreto le radio e tv locali che si occupano di problemi sociali?

Purtroppo, non sono tante quante dovrebbero essere. Ma è proprio qui che si concentra la grande sfida dei prossimi anni. Ogni radio e televisione pubblica o privata deve necessariamente dedicare uno spazio abbastanza ampio alle problematiche sociali. Solo così potrà meritarsi, tra l'altro, il diritto ad avere un sostegno pubblico.

Tutto ciò potrebbe contribuire, tra l'altro, alla nascita di un nuovo e forte Stato Sociale, che è uno dei principali progetti portati avanti dalla REA.

Un progetto che ha bisogno di una vasta rete di piccole e medie radio e tv che rappresentano la vera cinghia di trasmissione tra le leggi varate a Bruxelles o a Roma e la gente comune. Si tratta di una grande sfida per lo Stato, per le emittenti locali, per i cittadini.

36 - Ma di questi problemi già si occupano le grandi reti nazionali.

Le grandi reti nazionali, come sappiamo, si occupano solo di casi clamorosi. Ma un nuovo Stato Sociale non si costruisce risolvendo solo i casi eclatanti o che riguardano potenti categorie che fanno audience, ma anche piccoli problemi quotidiani che coinvolgono e tormentano milioni di cittadini, soprattutto quelli più poveri e coloro che non hanno voce in capitolo. In questo contesto la stampa locale può sicuramente svolgere un ruolo insostituibile.

Ed è stato proprio per rivitalizzare il ruolo delle piccole e medie radio e Tv che recentemente la REA a Torraca, in provincia di Salerno (in occasione delle celebrazioni della nascita delle trasmissioni radiotelevisive via etere su scala locale) ha lanciato due proposte accolte con molta simpatia dagli esperti del mondo radio-televisivo.

37 - Vogliamo ricordarle?

Come ho avuto modo di illustrare in una conferenza all'Università di Salerno la *prima* posposta riguarda i Comuni, le Comunità montana e le Comunità di territori aggregati, che sono stati invitati a favorire la nascita di web radio-tv libere da inserire nella rete nazionale dal Circuito REA delle 100 Radio per restituire al popolo sovrano il diritto d'informare e di essere informati.

Non si tratta, è bene precisarlo, di web radio-tv al servizio dell'Amministrazione comunale o del sindaco di turno, ma di uno strumento di comunicazione indipendente gestito direttamente dai comitati cittadini su base volontaria, la cui responsabilità editoriale sarà affidata alla direzione del Circuito Nazionale delle 100 Radio già esistente.

La seconda proposta è rivolta, invece, direttamente ai sindaci che sono sollecitati a dedicare una strada della città alle "Radio Libere 1976" (istituite con la sentenza della Corte Costituzionale n. 202 del 28 luglio 1976), a perenne memoria di un processo di libertà che fa parte integrante della storia d'Italia che a nessuno sarà mai permesso di interrompere o di sopprimere.

38 - Torniamo allo Stato Sociale che non può essere edificato in un solo Paese, soprattutto se piccolo come l'Italia, ma deve necessariamente trovare riscontri anche in altre nazioni o gruppi di Paesi, a cominciare dall'Europa. Non è così?

Non v'è dubbio. Il Vecchio Continente potrà giocare in futuro un ruolo importante solo se saprà riscoprire il valore dei diritti dell'uomo. Questo spiega anche il tentativo della REA di coinvolgere in questa appassionante tematica piccole e medie emittenti di altre nazioni. Del resto, già nel nome la nostra Associazione si richiama all'Europa.

Personalmente ho avuto modo di parlare di questi problemi anche in sede europea (nota: il 3 marzo 2016 Diomede è stato invitato al Parlamento Europeo per tenere una relazione sullo Stato dell'informazione in Italia, N.d.R.). In quella circostanza mi sono soffermato sul fatto che dall'informazione dipende tutto. Solo comunicando correttamente e in modo esauriente sarà possibile garantire a tutti i cittadini il soddisfacimento dei Bisogni Capitali.

39 - Secondo Lei in Italia esiste una vera libertà d'informazione?

Sulla carta si. L'articolo 21 della Costituzione garantisce il cittadino in merito alla libertà d'espressione con qualsiasi mezzo tecnologico, carta stampata, radiotelevisione, internet. Ma non basta: insieme al *diritto di informare* va sviluppato anche il *diritto a essere informati*, per evitare che molte notizie e informazioni utili vengano nascoste all'opinione pubblica o rimangano di esclusivo appannaggio delle classi dominanti.

È chiaro che nel comprimere il diritto ad essere informati si rende più facile ogni tentativo di concentrazione del potere. Ed è anche per questo che la REA è fortemente impegnata a rilanciare l'intero sistema informativo, soprattutto a livello locale. Si tratta di una grande operazione culturale. Al posto delle tante televendite e programmi spesso scadenti, l'auspicio è che i vari palinsesti vengano arricchiti con programmi informativi di grande utilità sociale, meritevoli quindi di essere sostenuti.

40 - Diciamoci però la verità. Con il passare degli anni la grande missione di rottura delle libere radio e Tv in molti casi è andata esaurendosi. Non poche emittenti, anche per necessità economiche, si sono appiattite su programmi di basso livello culturale, vecchi filmati e programmi a volte ai limiti della decenza. Non è così?

Purtroppo la situazione si è fatta molto difficile per l'informazione locale: insieme a una nuova normativa altamente penalizzante per le piccole emittenti, assistiamo a un drastico calo della pubblicità e a una spietata concorrenza del web. In queste condizioni moltissime radio, Tv e giornali Regionali rischiano semplicemente di scomparire nell'indifferenza totale. Eppure la concentrazione dell'informazione in poche mani rappresenta uno dei maggiori pericoli per la tenuta democratica del Paese.

Come già detto, promuovere un'efficace informazione locale significa essenzialmente verificare sul territorio come i vari provvedimenti decisi a livello nazionale trovino poi un'applicazione concreta nelle varie Regioni e Comuni. Alle cose già dette aggiungo la possibilità di stimolare nuove iniziative giovanili, controllare la buona e corretta gestione degli amministratori, entrare nelle scuole, negli ospedali, negli ospizi, nelle aziende, nelle banche. Significa seguire i Consigli Comunali e Regionali, nonché i rappresentanti locali mandati a Roma.

41 - In parole povere, Lei auspica una radio e televisione più vicina alla gente.

Un'efficiente informazione locale significa tentare di soddisfare quei Bisogni individuati e descritti dalla REA in un libro intitolato, appunto, *I 7 Bisogni Capitali*. Mi permetto di ricordarli: 1) Un lavoro di sostentamento; 2) Nutrirsi e Vestirsi; 3) Avere un Tetto; 4) Curarsi, 5) Istruirsi, 6) Avere un'Assistenza legale umanitaria; 7) Avere una corretta informazione.

Tentare di soddisfare questi Bisogni significa tentare di invertire radicalmente il processo di continuo smantellamento di ogni forma di protezione sociale, una tendenza in corso non solo in Italia ma in tutto il mondo e che rischia, se portata alle estreme conseguenze, di produrre una catastrofe sociale dalle dimensioni inimmaginabili.

42 – Eppure c'è chi sostiene che non è compito della REA, che istituzionalmente difende solo le piccole e medie radio e tv, tentare di risolvere un problema di natura planetaria come la creazione di un efficiente Stato Sociale?

Come ho già detto, da una corretta informazione dipende tutto. Senza di essa ogni sforzo inteso ad alimentare una maggiore giustizia sociale è fatalmente destinata a soccombere. Senza una libera informazione il campo rimane semplicemente libero per lo sviluppo degli egoismi più subdoli, degli interessi di parte, delle piccole e grandi consorterie, delle prepotenze dei boss nazionali e locali: tutti soggetti ugualmente pronti a snaturare ogni iniziativa a sfondo sociale.

Ed è proprio per conservare in Italia una libera e pluralistica informazione che la REA ha avviato una battaglia senza quartiere per la sopravvivenza delle tante radio e Tv, seriamente minacciate di chiusura a causa di provvedimenti iniqui, sia dal punto di vista politico che fiscale.

43 - Il problema è sempre riuscire a tradurre le varie riflessioni e aspirazioni in realtà concrete.

Indubbiamente. Ad ogni modo noi ci siamo posti come sbocco finale quello di elaborare una *Legge di iniziativa popolare*. Con la scrittura e promozione di questa legge, fatta con l'aiuto di esperti, cercheremo di rivitalizzare l'intero dibattito sulla tutela dei diritti sociali. Questa, comunque, è solo una delle strade ipotizzate. La speranza è che questa nostra azione inneschi automaticamente altre azioni nell'ambito delle forze politiche, economiche e sociali.

Occorre, in sostanza, mobilitare tutte le persone sensibili a queste tematiche. Penso, ad esempio, agli artisti e ai testi musicali che possano avere un forte impatto sociale. Non a caso da diversi anni promoviamo la *Milano-Sanremo della canzone italiana*, riservata solo agli artisti capaci di proporre testi socialmente impegnativi.

Detto ciò, rimane il fatto che il tempo a disposizione è scarso. Le forze interessate a svilire ogni forma di protezione sociale sono diverse e molto potenti. Domani già potrebbe essere troppo tardi.

44 - Su quali forze politiche e sociali Lei ritieni opportuno puntare?

Noi non ci appoggiamo in particolare su nessuna organizzazione o forza politica anche se, sul piano personale, ognuno di noi ha ovviamente le sue preferenze. Il discorso sulla rivitalizzazione dello Stato Sociale è un discorso trasversale che riguarda tutti i partiti e movimenti, dall'estrema destra all'estrema sinistra. Ci sono favorevoli e contrari dappertutto. Si tratta di mobilitare quelle persone che hanno capito che così non si può andare avanti, che bisogna fare qualcosa prima che sia troppo tardi. Quindi accettiamo volentieri qualsiasi tipo di sostegno.

45 – Rimane, comunque, un progetto estremamente ambizioso.

Nessuno di noi ha la presunzione di poter risolvere i tanti problemi che riguardano lo Stato Sociale, neanche di avere tutte le soluzioni per soddisfare i 7 Bisogni Capitali. Ci limitiamo a indicarne alcune, da sottoporre allo studio e all'attenzione del mondo politico, economico e sociale, nonché di fornire delle notizie utili per meglio comprendere la portata del problema. Si tratta semplicemente di compiere dei primi passi nell'ambito di un tentativo di invertire la pericolosa tendenza a smantellare ogni forma di protezione sociale.

46 - Ci stiamo avviando verso la fine della nostra intervista. Riassumendo, che futuro intravede per l'informazione, in particolare per le piccole medie radio e televisioni, sia in Italia che nel mondo?

Fare delle serie previsioni è sempre complicatissimo. Molto dipende dall'evoluzione tecnologica. Ci sono tanti fattori che entrano in gioco come, ad esempio, la possibilità di avere una connessione Wi-Fi universale e gratuita, come richiesto nel 2013 negli Stati Uniti dalla Federal Communications Commission, organo di vigilanza che regola il settore delle telecomunicazioni. Con un Wi-Fi gratuito c'è da presumere, ad esempio, una crescita esponenziale delle web radio-TV.

47 - Come è stata accolta la proposta del Wi-Fi libero?

Con molte preoccupazioni soprattutto dalle stazioni televisive e altre emittenti che sono state invitate dalla FCC a rivendere allo Stato gli spazi di etere inutilizzati al fine di essere reimpiegati per le reti Wi-Fi pubbliche. Il timore delle grandi società di telecomunicazioni, come AT&T, T-Mobile, Intel e Verizon, è di vedere il proprio settore wireless, acquistato a suon di miliardi di dollari per ottenere le licenze, vedersi completamente svalutato. Piccola annotazione a margine: quando parlo di acquisto di licenze mi viene quasi per assonanza in mente che in Italia lo Stato ha regalato le frequenze oltre che alla RAI (e fin qui ci possiamo stare) anche a Mediaset ed altri.

48 - E questo cosa significa?

Che questi signori hanno ora la possibilità di rivendere ciò che hanno avuto gratis dallo Stato, lucrando miliardi. Invece di essere costretti a liberare qualche frequenza in favore delle piccole emittenti, sfrutteranno la possibilità di vendere queste frequenze alle società di telecomunicazione internazionali che si stanno concentrando e acquistando tutto.

Vorrei far notare che su decisione dell'Unione Europea stiamo passando dal DVB – T, l'attuale sistema standard di trasmissione televisiva digitale (utile per ricevere il segnale sul nostro televisore), all'estensione DVB-T2: ciò comporterà, come già detto, che 11 canali passeranno ai telefonici. Possiamo, quindi, dire che "il massacro di Fort Apache continua nella più completa indifferenza della politica e tanta gioia della lobby del settore. Su questo argomento stiamo preparando un puntuale documento con il quale denunceremo i grossi interessi che stanno dietro questa operazione che consente di incassare risarcimenti miliardari senza perdere un solo programma tv da parte di coloro che governano il potere mediatico radiotelevisivo in Italia.

Chiusa questa parentesi, rilevo che i progressi tecnologici stanno trasformando lo spettro elettromagnetico da risorsa limitata a risorsa dalle disponibilità infinite. Questo cambierà tutto. Con le nuove tecnologie, le antenne intelligenti, le reti a maglia conosciute come MESH, il mondo radio televisivo cambierà completamente. In ogni caso non ci saranno più problemi di interferenze.

49 - Detto diversamente, presto i grandi protagonisti di Internet, come Google o Microsoft, avranno la supremazia su tutto.

Che il XXI secolo sia il secolo di internet non v'è dubbio. Quali cambiamenti tutto ciò comporterà, anche per le piccole e medie televisioni, è molto difficile da dirsi. Occorre, questo sì, adattarsi velocemente alle nuove tecnologie che, come ci insegna la storia, possono assumere dei risvolti imprevedibili in pochi anni.

Chissà se, paradossalmente, alla fine non assisteremo a un proliferare di televisioni di quartiere al posto delle televisioni nazionali. O, al contrario, a televisioni continentali o mondiali con traduttori automatici. Tutto è possibile. Ma non è l'evoluzione tecnologica, che può sempre essere compresa e gestita, che mi preoccupa: molto preoccupante è invece l'uso strumentale e pericoloso di questa evoluzione a fini poco democratici.

50 - E qui torniamo al controllo dell'informazione in funzione della costruzione di un super potere economico mondiale.

Esattamente. Questa è la grande sfida dei prossimi anni. In questo quadro, ognuno è chiamato a fare la sua parte. Nel suo piccolo la REA sta cercando di farlo. E a proposito del Decreto Presidenziale 146/2017 rammento che la REA ha inviato a tutti i Gruppi Parlamentari una proposta di Interrogazione/Mozione. Nell'aprile dell'anno scorso, poi, abbiamo invece presentato un'ampia Relazione sull'uso della Banda 700 MHz.

PROPOSTA DI INTERROGAZIONE/MOZIONE PARLAMENTARE ELABORATA DALLA REA
(Inviata a tutti i Gruppi Parlamentari)

AL PRESIDENTE DEL CONSIGLIO DEI MINISTRI
Al MINISTRO DELLO SVILUPPO ECONOMICO
Al MINISTRO DELLE FINANZE
AL MINISTRO DEL LAVORO

PREMESSO

Che il Regolamento di attuazione della legge 198/2016 di ripartizione del Fondo per il pluralismo e l'innovazione dell'informazione riguarda un comparto di circa settemila occupati di cui 3400 addetti alle attività radiotelevisive e 3600 alle attività radiofoniche, ragion per cui rappresenta una fonte importante per il sostegno economico alle 480 tv locali e alle 1200 radio locali atto a mantenere stabile il livello occupazionale in un momento di gravissima crisi del settore e del Paese;

che il predetto Regolamento è divenuto legge in data 12 ottobre 2017 con la pubblicazione in Gazzetta Ufficiale del DPR 146/2017;

che, oltre tutto, il Regolamento doveva servire, al sostegno dell'intero settore con i fini di *"...assicurare la piena attuazione dei principi di cui all'articolo 21 della Costituzione, in materia di diritti, libertà, indipendenza e pluralismo dell'informazione, nonché di incentivare l'innovazione dell'offerta informativa..."*

INVERO

Succede che il Regolamento destina più di **cento milioni l'anno** alle **cento televisioni locali** che hanno la possibilità di superare una soglia di assunzioni fino a 14 dipendenti di cui 4 giornalisti che, in alcuni casi, finiranno per **essere finte** in quanto unicamente finalizzate all'incasso di un lucroso contributo statale a fondo perduto mentre per le rimanenti 380 piccole e medie imprese televisive, che già occupano stabilmente almeno quattro dipendenti, saranno costrette a chiudere battenti suscitando il panico della disoccupazione in migliaia di famiglie.

Se la matematica non è una opinione, come non lo è, basta fare due conti per comprendere come il predetto Regolamento aggrava l'occupazione e destabilizza il settore.

Infatti, la forza lavoro delle cento televisioni locali che saranno premiate dall'aiuto di Stato, per via del rapporto popolazione regionale/dipendenti (DPR 146/17, articolo 4, comma 1) risulterà **mediamente di 1100 unità contro i 3600 attuali con una perdita netta di 2500 posti di lavoro** dovuta alla più che probabile chiusura delle rimanenti 380 emittenti escluse dal contributo di sostegno indispensabile per sostenere gli alti costi della produzione televisiva.

É VERO ANCHE CHE

Sul piano dei diritti costituzionali, specie in materia della libera espressione, del diritto d'informare e di essere informati, **non è ammissibile che lo Stato italiano divida i cittadini in figli e figliastri** con aiuti di stato mediante normative discriminanti come il Regolamento in questione basate **"incredibilmente"** sulla capacità di mantenere in organico un certo numero di dipendenti prendendo come riferimento la popolazione servita anziché criteri qualitativi per una programmazione radiotelevisiva di pubblica utilità locale.

E non si venga a dire che il dato "Auditel", ottimamente premiante nel Regolamento per quelle emittenti che sono state assoggettate negli anni per le più svariate ragioni, sia un dato qualitativo altrimenti i cittadini italiani dovranno rassegnarsi a vita a far entrare nelle proprie case la migliore spazzatura televisiva considerata come la più gradita dal grande pubblico.

Eppure il dato Auditel è stato inserito nel Regolamento come elemento di distinzione per ricevere più contributi dallo Stato nonostante si sappia che **quei dati sono di natura privata, pertanto, non certificati né dall'Autorità per le Garanzie nelle Comunicazioni né da alcun istituto scientifico nazionale o europeo.**

É VERO INFINE

Che le emittenti radiofoniche locali a carattere commerciale, ai sensi della legge 66/2001, per mantenere in essere la "concessione ministeriale" e, di conseguenza, per poter accedere ai contributi di cui alla legge 448/01 hanno l'obbligo di mantenere un organico di almeno due dipendenti senza particolari qualifiche.

Il Regolamento in questione, all'articolo 4, comma 2, prevede l'accesso al contributo statale le emittenti che abbiano un numero di 2 dipendenti di cui almeno 1 (ecco la incredibile novità) con la qualifica di giornalista.

Tale incredibile novità, sul piano occupazionale, induce alla classica **"lotta tra poveri"** in quanto l'editore si troverà nella ragionevole, ma imbarazzante situazione di dover **licenziare uno dei due lavoratori** in organico, forse da decenni, per sostituirlo con un giornalista legittimamente aspirante a un posto di lavoro ma non a discapito di un altro lavoratore.

SI CHIEDE DI SAPERE

Dai Ministri interrogati se, in occasione della imminente discussione della legge di stabilità 2018 o con altro opportuno dispositivo di legge, ritengano giusto e doveroso intervenire sui seguenti punti:

1. Al fine di mantenere in essere il livello occupazionale, dunque scongiurando lo spettro del licenziamento di almeno 2500 lavoratori, ferma restando la impalcatura del Regolamento, prevedere l'ammissione ai contributi statali alle emittenti televisive organizzate in "Associazioni di scopo" integrando la norma di cui al DPR 23 agosto 2017, n. 146, articolo 4 comma 1, punto 1) 2) 3);

2. Al fine di non consentire che una società privata come Auditel possa determinare la quantità di danaro erogato dallo Stato a ciascuna emittente televisiva locale sulla base di "dati di ascolto a carattere privato non certificati" sarebbe opportuno

cancellare dal Regolamento la norma di cui all'articolo 6, comma 1, lettera c);

3. Al fine di non indurre gli editori radiofonici a mettere in atto il licenziamento di un dipendente già in organico per sostituirlo con altro dipendente di nuova assunzione con la qualifica di giornalista generando così **"odio di classe"** sarebbe opportuno rettificare l'articolo 4, comma 2 depennando la frase **"*...con almeno un giornalista*"** benché tale qualifica potrà avere una valenza qualitativa maggiore nella assegnazione del punteggio per la graduatoria finale.

Roma ....

RELAZIONE DELLA REA
SULL'USO DELLA BANDA 700 MHz
(Aprile 2016)

Riportiamo di seguito la Relazione REA – 2016 sulla proposta di decisione del Parlamento europeo e del Consiglio relativa all'uso della banda 700 MHz nell'Unione (COM-2016 – 43 final).

Nel ringraziare la Commissione dell'invito ricevuto per un parere di merito sulla proposta di decisione del Parlamento Europeo e del Consiglio relativa all'uso della banda 700 MHz nell'Unione, dalla quale dipende lo sviluppo tecnologico delle reti di telefonia mobile e radiotelevisive fisse, con la presente relazione si evidenziano alcuni dati oggettivi relativi all'attuale impiego delle risorse radioelettriche in Italia per meglio sostenere la opportunità della proposta UE mirata a concretizzarsi entro il 2020.

Anzi, secondo il nostro modesto parere, sarebbe opportuno anticipare l'evento al 2017 per inserirsi nella corsa tecnologica intrapresa da Francia, Germania e Regno Unito. Quest'ultimo postulato, ovviamente, è valido nella misura in cui il trasferimento della banda 700 MHz alla telefonia mobile sarà contestuale al passaggio tecnologico al DVB-T2/H265. La contestualità è fondamentale se si desidera realizzare un armonioso assetto radiotelevisivo capace di risolvere anche le note problematiche derivanti dalla maldestra pianificazione delle frequenze UHF. In allegato si rimette uno studio relativo alla fattibilità di tale progetto, premettendo **per chiarezza di pensiero** le seguenti osservazioni:

1. **lo swith off televisivo analogico/digitale** del 2010 ha impiegato la tecnologia DVB-T1 mentre era già disponibile il più evoluto DVB-T2 per il quale cambiamento si sono spesi circa 2 miliardi di euro;

2. **già dal 2010 si sapeva** che i telefonici avrebbero chiesto l'uso della banda 700 (esiste richiesta ITU dal 2006). Come mai non si è pensato di rinviare il passaggio analogico/digitale della Tv facendolo coincidere con il rilascio della banda 700 MHz ai telefonici? Se ciò fosse accaduto l'utenza e le imprese televisive non

sarebbero oggi costrette a sopportare le spese di un altro swtch off in così breve tempo!

3. **l'AGCOM e Ministero dello Sviluppo Economico,** d'accordo tra loro, hanno sviluppato un Piano di Assegnazione delle Frequenze, a dir poco "bizzarro", basato sul principio che un canale analogico, contenente un solo programma, una volta trasformato in digitale con una capacità di sei programmi, poteva essere assegnato ad un solo soggetto per un periodo di 20 anni. Per di più, la pianificazione è avvenuta discriminando le locali assegnando frequenze non coordinate con i Paesi esteri con effetti devastanti sull'occupazione con 2800 tra cassaintegrati e licenziati senza contare l'indotto. **La materia è tutt'ora al giudizio del TAR del Lazio – 1a Sezione - che si esprimerà nella seduta di Consiglio del 20 aprile 2016;**

4. **nel 2010 c'è stato un assalto delle Reti nazionali per** accaparrarsi tutte le frequenze coordinate con una spartizione sfacciatamente concordata con Ministero dello Sviluppo Economico e AGCOM. In sostanza, la RAI aveva tre canali analogici, con il digitale sono diventati 5; Idem Mediaset; Idem Persidera Telecom. **È da notare che i predetti canali sono stati concessi gratuitamente e che ora, con il rilascio di alcuni di essi alla telefonia mobile, non vorremmo fossero pagati attraverso la tipica operazione di rottamazione!** Oltretutto, come dimostrato nello studio allegato (pagg. 7 e 8) con il T2/H265 i programmi disponibili si triplicano per effetto della maggiore compressione dei segnali. Pertanto nonostante il rilascio dei canali della banda 700 MHz richiesto della UE, con il T2/H265, la disponibilità dei programmi dei rimanenti canali della banda sottostante 470/694 MHz aumentano di 497 unità.

5. **ciò per dire che** il rilascio dei canali della banda 700 MHz non solo non penalizza le Reti che dovranno lasciare i relativi canali, ma le favorisce ancora e che, quindi, **non dovranno essere "indennizzate", in alcun modo;**

6. **dall'asta dei dodici canali della banda 700 MHz assegnati** alla telefonia mobile a larga banda (dal 49 al 60) si può

prevedere un ricavo minimale netto di 2,4 miliardi di euro pari a una incasso medio di 200 milioni per canale. La Francia ne ha ricavato 2,8 miliardi. La Germania 1 solo miliardo, ma in quel Paese le frequenze del televisivo terrestre non sono così pregiate come da noi per via dell'uso del cavo;

7. **gran parte del ricavato dall'asta,** potrà essere destinato per un bonus all'utenza dovuto per la sostituzione degli attuali decoder (MPEG 2 e MPEG 4) con il più **evoluto decoder T2/H265 nel quale si consiglia di integrare, per legge, anche il processore (+ 50 cents sul costo del decoder) per il collegamento wireless con la rete internet in modo da rendere interattivo il servizio televisivo in ogni parte del globo;**

8. **parte del ricavato dall'asta,** secondo il nostro parere, dovrà essere immediatamente investito, fin dal 2017, nelle nuove tecnologie del DVB-T2/H265 prevedendo un **congruo sostegno economico agli operatori di Rete locale (soggetti più deboli) per l'ammodernamento delle reti per mettersi alla testa dello sviluppo tecnologico d'Europa.** Per non cadere nella trappola di dover prevedere, entro il 2030, un terzo switch off, escludere la soluzione francese di estendere il decoder MPEG4 per mantenerlo fino al 2030.

9. **Questo straordinario sistema** T2/H265 è già di serie su alcuni modelli di televisori e dal 2017 sarà integrato nei televisori di nuova generazione. Per assaggiarne la qualità video collegarsi http://www.lgblog.it/2015/02/3-cose-che-forse-non-sapete-sullo-standard-hevc/

10. **con il passaggio al DVB-T2/H265** la capacità trasmissiva viene quadruplicata con grande vantaggio per una riforma del sistema radiotelevisivo italiano indirizzato al superamento della crisi del settore e del **recupero dei 2800 posti di lavoro** persi con lo switch off del 2010 – 2012

11.**previsione di costi e ricavi per il contestuale rilascio della banda 700 MHz alla telefonia mobile e passaggio dal DVB-T1 al DVB-T2/H265:**
- ricavi d'asta12 blocchi frequenza UHF (canali 49-60) € 2,5 miliardi

- bonus € 25 acquisto decoder H265	€ 1,0 miliardi
- incentivi adeguamento reti	€ 1,0 miliardi
- attivo miliardi	€ 0,5 miliardi

Il progetto REA **"Contestuale rilascio banda 700 con realizzazione T2/H265 nel 2017"** è stato inviato per conoscenza a diversi Organismi nazionali e dell'Unione Europea ricevendo apprezzamenti per il fattivo contributo.

Si confida che la IX Commissione Trasporti valuti con saggezza gli interessi contrapposti che girano intorno alla tempistica nel rilascio della banda 700 MHz che, da una parte vede la REA, interessata a che l'evoluzione tecnologica non sia procrastinata ulteriormente nel nostro Paese e la lobby delle Reti nazionali private fortemente interessate a mantenere lo status quo tecnologico con la logica del **"finché si può"**, per maggiormente sfruttare **"ciò che c'è"** per poi **rivendicare una sorta di rottamazione con indennizzo per frequenze ricevute gratuitamente dallo Stato.**

A disposizione per qualsiasi ulteriore chiarimento con un sincero ringraziamento per l'attenzione prestata. Cordiali saluti.

SECONDA PARTE

DAL MONDO DELL'INFORMAZIONE

Selezione di interviste e articoli
curati dalla REA e da www.puntocontinenti.it

Le testimonianze e riflessioni riportate di seguito non sono state aggiornate perché si è voluto semplicemente rappresentare l'evolversi di un pensiero collettivo orientato all'elaborazione di un progetto di rafforzamento dello Stato Sociale.

Articolo di **Caterina Betti**
(TVRS - Marche)
Punto Continenti – 10 agosto 2017

VOGLIONO UCCIDERE L'EMITTENZA LOCALE

Riportiamo di seguito l'articolo inviatoci dalla giornalista televisiva Caterina Betti (della TVRS Marche) in merito alla decisione del Consiglio dei Ministri di licenziare in via definitiva il testo del nuovo regolamento relativo ai contributi ex legge 448 e che per la REA (Radiotelevisioni Europee Associate) contiene criteri eccessivamente selettivi che favoriscono solo i grandi gruppi editoriali. Ad esempio, viene imposto un numero minimo di dipendenti e giornalisti che la stragrande maggioranza delle piccole e medie radio e Tv non è in grado di assolvere.

Quello che sta succedendo alle emittenti locali non è un problema di nicchia relegato al singolo settore o il capriccio di qualche piccolo ed insignificante editore. Caro lettore, anche se non ne fai parte, ti riguarda eccome…non sai quanto. L'attacco all'informazione libera è conclamato su tutti i fronti, dal 'libero' web ai social, all'emittenza privata.

L'emittenza locale in sé è una ricchezza da tutelare in quanto portavoce delle varie comunità e delle minoranze linguistiche, culturali, sociali, politiche e religiose presenti sul territorio, che nel loro complesso costituiscono un popolo; in particolare l'emittenza privata locale in Italia trova la sua più ampia espressione per via della ricchezza culturale che il Paese offre.

E' un caso unico al mondo, in cui sopravvivono (temo ancora per poco) casi di emittenti create da editori puri, ovvero slegati da imprese o da altre attività finanziarie, e una sostanziosa moltitudine di offerte informative territoriali alternative all'ordinario servizio pubblico, che da solo non soddisfa l'esigenza di informazione specifica delle differenti comunità e minoranze che hanno il diritto ad esprimersi (principio valido in tutte le sue declinazioni tutelato a partire dall'art.21 Cost., art.5-8 TUR e L 112/2004 e così via).

L'ultima nuova giunta è l'approvazione, da parte del Consiglio dei Ministri di concerto con i ministri Luca Lotti (Ministro per lo sport dal 12 dicembre 2016 e segretario del comitato interministeriale per la programmazione economica dal 28 febbraio 2014, dopo essere stato sottosegretario di stato alla Presidenza del Consiglio dei Ministri con delega all'editoria nel Governo Renzi, N.d.R.) e Carlo Calenda (Ministro per lo sviluppo economico N.d.R.) del regolamento per il "riparto delle risorse del Fondo per il pluralismo e l'innovazione dell'informazione", titolo ampiamente antifrastico, sulla stessa scia illusoria di meravigliosi nomi dallo scopo puramente cosmetici come il Fondo Salva Stati o il Decreto Salva Banche, che non salvano un bel nulla, anzi.

Il Fondo per il pluralismo, nel nostro caso, preceduto da una melliflua introduzione sul rispetto dell'art.21 della Costituzione, ripartisce circa 117 mln di euro di contributi pubblici provenienti da varie voci della Legge di Stabilità 2016 NON tra tutte le emittenti locali ma ESCLUSIVAMENTE tra le maxi emittenti, circa una per regione.

I requisiti per l'ottenimento dei contributi sono infatti eccessivamente restrittivi per delle piccole/medie aziende ormai in difficoltà economica da anni e costrette, per sopravvivere, a licenziare sempre più. Il ragionamento più logico dovrebbe essere il seguente: per un'informazione libera blog, giornali e emittenti private non dovrebbero essere finanziate anche tramite contributi statali, ma dovrebbero trarre introiti dalla pubblicità e dai servizi giornalistici svolti, magari con un sistema comune, un fondo a cui destinare uno 0, da parte di tutta l'editoria di questi ultimi introiti per emergenze.

In un'economia funzionante o quantomeno decente sarebbe ed era perfettamente normale un bilanciamento tra pubblico e privato (Rai più emittenza privata) in un settore così delicato che necessita di una buona varietà e offerta.

Ma all'interno di una crisi indotta e voluta (non da noi maggioranza sempre più impoverita, ovviamente), dove i media, in particolare quelli "indipendenti" o di nicchia o locali potrebbero, e molti lo fanno, porre domande non sollevate dalla parte dell'informazione mainstream in ambito economico, giuridico e sociale, i contributi servono per tenere al laccio questi ultimi.

Come malati terminali attaccati a una flebo che comunque non impedisce i licenziamenti e la riduzione dell'attività informativa, di fatto non sono più liberi. Ora il colpo di grazia con questa assegnazione scellerata dei contributi ai grandi gruppi. I piccoli editori fastidiosi vanno eliminati.

O le piccole aziende riusciranno ad andare avanti riducendo al minimo i costi (più di così…), oppure vivrà solo una emittente a regione all'incirca, sostenuta da contributi statali.

Non è un caso che ultimamente si senta parlare sempre più spesso riguardo al settore, negli ambienti amministrativi, anche in presenza di sindacalisti dei giornalisti, di aggregarsi in un'unica emittente regionale, di unirsi, di adeguarsi al modello tedesco: grandi emittenti rigorosamente pubbliche giocoforza prone al sistema, per ogni Lander; sai com'è, loro possono posizionare aiuti di stato in ogni dove, nemmeno vengono computati, mentre noi ovviamente dobbiamo centellinare le voci degli investimenti pubblici come Pollicino.

L'emittente (e l'informazione) unica regionale, poi nazionale, globale, intergalattica… Ah, quello strano e obsoleto concetto del PLURALISMO dell'informazione… Potrei e potremmo essere considerati malati patologici e paranoici con disturbi ossessivo compulsivi, ma c'è un filo rosso che lega la progressiva intenzione di sopprimere l'informazione libera, in tutte le sue forme, ed è incarnato nella volontà di far sopravvivere i grandi centri informativi ben più controllabili. Il piccolo è improduttivo, si potrebbe dire a livello di mera matematica. In questo caso il piccolo (editore radiotelevisivo o blogger che sia) pare una grossa spina nel fianco da estrarre ed estirpare in fretta, indipendentemente dal mezzo.

Tutto passa per l'informazione: ridurre i canali, ridurre a zero il fondamentale concetto di pluralismo di cui l'Italia rappresentava, a partire dal celebre fenomeno delle radio libere e del cosiddetto caos dell'etere, un unicum di cui vantarsi in tutto il mondo, significa avviare concretamente un processo di annientamento degli ultimi baluardi della libertà di manifestazione del pensiero, che senza tali mezzi di diffusione è del tutto depotenziata.

A tutte le tv e radio locali: cosa avete ormai da perdere? Il modello economico impersonato dall'Unione Europea, recepito da leggi nazionali (vedere il Testo Unico della Radiotelevisione, se ci concentriamo su questo specifico settore) vi vuole morti. La Costituzione, al contrario, vi tutela.

A voi la scelta. Sono certa che questo ultimo passo farà riflettere molti piccoli editori seguiti con piacere dalla cittadinanza nei loro territori di competenza, che da anni svolgono una bellissima quanto complicata attività creativa e utile alla società intera.

Ora davvero non avete più nulla da perdere, siete stati isolati. Usate i vostri mezzi per della consistente attività di opposizione e per la ricerca della verità, con ancora più forza e tenacia. Molti blogger lo stanno già facendo, ma bisogna agire su tutti i fronti possibili, la battaglia è la medesima.

I grandi media mainstream, hanno fallito perché imbrigliati e ne abbiamo le prove riscontrate nella realtà dei fatti. Hanno fallito su tutti i fronti: Euro, Unione Europea, geopolitica, immigrazione, eventi politici come il Referendum del 4 dicembre, eccetera eccetera... Siete l'ultima speranza, insieme ad editori liberi che operano sul web, per una salvifica inversione di marcia. Siete liberi, siate liberi.

Intervista a **Gabriele Betti**
(TVRS - Marche)
Punto Continenti - 19 dicembre 2016

LE TV LOCALI SONO AD ALTO RISCHIO

Nato a Chiusi in provincia di Siena, Gabriele Betti è stato radioamatore dall'età di 14 anni. La sua prima radio libera l'ha realizzata a 18 anni nel 1972, poi sospesa su minaccia di arresto del maresciallo dei cc. In seguito diventerà tecnico di telecomunicazioni e titolare di ditte specializzate nelle telecomunicazioni. Grazie all'esperienza maturata installa centinaia di impianti per radio e tv libere. Inoltre realizza le reti di mediaset (fininvest), montecarlo, e decine di altre nella regione marche. Dal 1987 partecipa a una emittente tv regionale tvrs di cui diviene presidente e direttore della testata dal 1992. Inoltre, è comproprietario di una emittente regionale "radio cuore" sempre nelle marche. Ad oggi oltre alle attività editoriali di cui sopra partecipa con la REA, Radiotelevisioni europee associate, al tentativo di salvare il residuo pluralismo informativo in italia.

Come vede l'iniziativa nata da un gruppo di giornalisti della carta stampata, internet, radio e televisioni di creare trasversalmente un movimento di pressione inteso a promuovere la nascita di un forte Stato Sociale?

La creazione di un forte stato sociale è prevista ampiamente nella nostra bistrattata Costituzione che la UE, attraverso pressioni politiche e soprattutto quelle economiche, tenta di modificare in peggio. In queste condizioni lo Stato Sociale viene letteralmente "combattuto" da quella che non ho più dubbi a definire la *Dittatura europea*. In ogni passaggio delle decisioni non si perde occasione per andare contro lo Stato Sociale. In questa data in cui scrivo (15/12/16) la Ue minaccia di bloccare gli aiuti alla Grecia perché lo Stato Ellenico ha alzato il sostegno alle classi più disagiate (le vere povere). Ma ogni giorno possiamo leggere chiaramente il concetto Ue: siete poveri e dovete soffrire e morire, non avete diritti e non li avrete più. E per poveri intendo Stati, ex nazioni libere, classi sociali e imprese piccole o in crisi.

Nella popolazione cova chiaramente un fuoco di netta ribellione, ma che ancora assume contorni incerti e disordinati, una volta contro la 'Stato', un'altra contro le tasse, poi contro Equitalia, e ora anche in misura copiosa contro la Ue, fanatica del rigore e della devastazione economica. Personalmente ho faticato a capire e con l'aiuto di menti più giovani e preparate ho formulato la seguente sintesi: Ue dominata da un sistema finanziario internazionale –> la 'Commissione Ue' non decide politicamente –> Ue domina le scelte delle nazioni aderenti tramite la crisi voluta ad arte –> le riforme chieste 'per forza' impongono di modificare le Costituzioni nazionali per sottometterle (ribadisco *Sottometterle* alle decisioni di leggi Ue). Tutto questo produce una nuova forma di dittatura, la dittatura *Economica* del liberismo più sfrenato. In tutto questo c'è posto per lo 'Stato Sociale'? NO. Ne abbiamo bisogno ma non ce lo vogliono più concedere. Punto.

In che misura la vostra Tv segue le problematiche sociali delle Marche?

E' nostro compito da sempre sia nell'informazione che negli approfondimenti, ma per quanto esposto sopra il nostro futuro non è più certo. Il sistema che ho descritto non vuole lo Stato Sociale e quindi tutta l'informazione da noi prestata, prima come servizio nell'interesse pubblico e poi supportata anche da legittimi contributi, ormai non serve più.

Oltre alla questione sociale ci sono anche altri problemi che seguite con particolare attenzione?

Si, da sempre facciamo molta informazione nei settori sportivi dilettantistici ed esordienti. Non deve essere sottovalutato, infatti, il grande ruolo sociale delle attività sportive che fatte da giovani non sono malate del mostro del profitto. In questo caso ancora si respira una sana voglia di competizione e anche di sport come possibile ascensore sociale.

La crisi economica degli ultimi anni ha colpito anche la vostra emittente?

Siamo stati colpiti in maniera pesantissima dalla crisi economica. Come ho espresso nella prima domanda la crisi non è fatta per passare. Voglio sottolineare a questo proposito che l'evento *moneta unica* ha portato ad una sopravvalutazione della moneta per tutte le nazioni europee con effetti negativi sulle esportazioni, e ha invece portato svalutazione per l'unica nazione che ne ha beneficiato, la Germania. Quindi a spese degli altri si è fatto tombola, moneta indebolita (Germania) e mercato unico allargato. Per i poveri che hanno abboccato alla Ue, crisi nera. In aggiunta abbiamo perduto lo strumento della immissione monetaria (conservato ed ampiamente usato da USA, Inghilterra Giappone ecc.) che ha sottratto l'iniziativa economica allo Stato di Diritto, lo Stato Sovrano. In questo modo il bilancio dello Stato si sta prosciugando e ogni tassa in più va a fermare il motore sfinito della Nazione italiana.

Come vede il futuro delle radio e televisioni locali e quali ruoli sono destinati a svolgere nell'ambito della società?

Se la volontà conclamata della Ue non verrà fermata noi non avremo futuro perché non siamo funzionali al *Sistema europeo*, siamo anzi un impiccio, un soggetto incontrollato e incontrollabile, siamo troppe voci e questo non è gradito. Ma, viene da dire, essere tante voci non era *pluralismo*? Si ERA, ma oggi la sofisticata linea politica della Ue non vuole più avere il pluralismo, non gli serve e ha il coraggio di metterlo per iscritto in un documento ufficiale! Perché arriva a tanto? Se si leggono i corposi documenti UE si comprende che il *pluralismo* può e deve essere limitato perché è sostanzialmente eguale al terrorismo di matrice russa e dell'Isis. Insomma radio e tv locali sono un problema per la Ue che vuole limitarle e ridurle di numero, sono relitti di un passato democratico e quindi inutile.

Avremo un futuro? Se focalizziamo quanto ho esposto sin troppo sinteticamente capiremo che il nostro futuro è legato a doppio filo al livello di democrazia e autonomia della nostra Nazione Italiana e della applicazione della Costituzione, quella Costituzione appena salvata dalla devastazione che ci imponeva la Ue. E se salviamo la fase applicativa della Costituzione, quella fase che prevede lavoro per tutti, intervento dello Stato nell'economia per salvare imprese, banche, risparmiatori, posti di lavoro, autonomia monetaria, allora e solo allora noi recupereremo quel ruolo di servizio e comunicazione degli eventi, delle notizie, delle attività della collettività regionale che ci hanno fatto nascere, lavorare e contribuire alla crescita italiana sino alla sciagurata entrata nella ormai morente comunità europea della moneta unica.

DA CATANIA UNA VERA 'MISSION' TELEVISIVA

Nella nostra inchiesta sulle Radio e Televisioni Locali e sul loro impegno soprattutto in campo sociale, è la volta del Circuito televisivo D Network di Catania, guidato da Francesco Di Fazio.

La storia di questa importante emittente siciliana è per certi versi emblematica: nata oltre trent'anni fa, ha dovuto superare difficoltà di ogni genere, da quelle economiche determinate dalla profonda crisi che ha investito negli anni scorsi l'intero Paese, alle continue manchevolezze e disattenzioni politiche e burocratiche, che hanno reso estremamente difficile la vita delle piccole emittenti, soprattutto in occasione del passaggio al digitale terrestre e all'assegnazione da parte dello Stato di frequenze purtroppo spesso 'fasulle', tanto è vero che l'Europa ha finito per imporre a molte di esse la chiusura perché infastidivano emittenti di altre nazioni.

Di Fazio, che ha ereditato l'azienda dal padre, non è comunque uno che si arrende facilmente: dopo una breve chiusura ha rilanciato il gruppo puntando sia sulla serietà dell'informazione che sul graduale coinvolgimento di settori sempre più ampi della società catanese e siciliana. Inoltre, condivide e collabora al Progetto REA (Radiotelevisioni Europee Associate) di Costituzione di un nuovo e forte Stato Sociale.

Come è nata la vostra TV e quali sono le sue caratteristiche principali?

E' nata per soddisfare un bisogno sociale, quello di portare nelle case di una piccola comunità a fine degli anni 70, le riprese realizzate durante i matrimoni da un fotografo (mio padre, Giuseppe Di Fazio) il quale il più delle volte consegnava il filmato in VHS che rimaneva chiuso nel cassetto nella speranza di acquistare un videoregistratore.

Per sopperire a tale bisogno, quel fotografo pensò di trasmettere via etere i filmati matrimoniali al fine di permettere a tutti tramite il televisore di casa di poterli vedere, previo consenso ad un'ora prestabilita. Ben presto però quel fotografo tra il 1981/83 si accorse che aveva in mano uno strumento di comunicazione ben più complesso e potenzialmente utile per la sua comunità che poteva estendersi in altre province.

Come vede il futuro delle televisioni locali?

Ristretto e marginale se non si ritrova l'autonomia della gestione delle frequenze e l'accentramento dei problemi territoriali che ne caratterizzano la reale identità unica e determinate per le problematiche sociali locali.

Cosa pensa del progetto REA di sensibilizzazione della gente verso la creazione di un nuovo e forte Stato Sociale attraverso le piccole e medie Radio e Tv locali?

Occorre fare rete al fine di riconoscere il ruolo delle radio e tv locali che per 40 anni hanno diffuso informazioni e programmi locali facendo un reale *pubblico servizio* che ha permesso lo sviluppo economico e il raggiungimento di importanti risultati. Non bisogna, pertanto, sprecare questo patrimonio culturale che appartiene a tutta la nazione.

Nella vostra Tv trovano spazio i problemi sociali?

Ricordo che si iniziò nel 1982 con le prime immagini degli scioperi per l'acqua pubblica di alcuni paesi dove le amministrazioni dell'epoca disattendevano i bisogni dei cittadini, continuando poi nel tempo a dare spazio a diverse comunità religiose, sociali e ad altri apparati sindacali e politici, i quali hanno potuto comunicare le loro idee nella più ampia libertà democratica.

Cosa pensa dell'idea che solo le emittenti che dedicano uno spazio alle questioni sociali vanno sostenute con contributi statali?

Le radio e Tv locali hanno a mio avviso il compito primario di informare gli utenti soprattutto sulle questioni sociali per i bisogni primari. In secondo luogo, dovrebbero svolgere l'attività preposta in base alle logiche economiche pur tuttavia evitando di trasmettere contenuti scadenti solo per fini commerciali. A fronte di impegni etici ben precisi e mantenuti da parte delle radio e Tv locali andrebbero ridistribuite le risorse dei contributi statali.

IL TEMPIO DELLA MUSICA LATINO AMERICANA

È sicuramente una delle Radio più seguite a Roma. Già il nome è tutto un programma: Mambo, che sta per una danza originaria dell'isola di Haiti, simile alla rumba, ma con un ritmo caratteristico, ottenuto dalla fusione di elementi folcloristici con la musica jazz. In genere viene ballata da due ballerini a distanza ravvicinata, di rado allacciati. Protagonista di questa Radio con sede in via Ludovico di Savoia (FM 106.9, tel. 0670495829 mail diretta@mambo.it) è Renato Dionisi, appassionato di musica e dell'America Latina.

"Tutto è cominciato", spiega, "a seguito di un viaggio di piacere a Santo Domingo. In quella occasione mi sono accorto che la maggior parte dei turisti era fatta da italiani entusiasti del Paese e della sua musica. A questo punto, su suggerimento anche di mia moglie, Simonetta Marocco che ha sempre avuto il senso pratico, ho deciso di aprire una radio dedicata alla musica di questo fantastico continente.

Tutto ciò è avvenuto nel 1993. Nella realtà Dionisi di radio si occupa già dal 1976 quando decise di lasciare il suo lavoro di commerciante per avventurarsi nel mondo delle radio con radio M 100 che poi è stata venduta. Ma torniamo a Radio Mambo, molto seguita a Roma e nel litorale laziale.

Come vanno le cose?

Ma sul piano generale le radio hanno sofferto come tutti la crisi economica. Noi un po' ci siamo salvati perché siamo una radio specializzata, nel senso che siamo gli unici a dedicare la radio esclusivamente alla musica. Ci sono poi le radio sportive ma la maggior parte è di tipo generalista.

Una scelta premiante?

In certi momenti direi di si anche se c'è sempre il rovescio della medaglia. In Italia gli sponsor preferiscono le radio generaliste nella convinzione che il possibile acquirente di scarpe, giusto per fare un esempio, non viene attratto dalla radio che si occupa di musica. Come se l'amante del ballo non indossasse anche lui delle scarpe normali.

Chi è l'ascoltatore tipo di Radio Mambo?

Prevalgono certamente i giovani dai 18 ai 35 anni. Per quanto riguarda la nazionalità, italiani e latino americani residenti in Italia si dividono a metà.

Ma voi non date notizie?

Abbiamo ben 12 brevi notiziari al giorno. L'unico vero programma di intrattenimento riguarda *Sentir Latino* che è condotto dal bravo giornalista boliviano Luis Flores. Va in onda ogni lunedì, mercoledì e venerdì dalle 20 e 30 alle 22 e 30. In questa trasmissione, molto seguita, vengono affrontati con ospiti illustri problemi politici, economici e culturali riguardanti l'America Latina.

Una particolare attenzione viene poi dedicata alle problematiche sociali e a quello che si sta facendo nei vari Paesi. A questo proposito vorrei sottolineare che sotto molti aspetti gli italiani dovrebbero seguire con grande attenzioni i profondi cambiamenti che stanno avvenendo in America Latina e che in diversi casi potrebbero rappresentare un ottimo esempio anche per l'Italia.

Intervista a **Stefano Zago**

(Tele Ambiente - Roma)

Punto Continenti - 28 dicembre 2016

AMBIENTE E SOCIALE VANNO A BRACCETTO

Praticamente è cresciuto negli studi televisivi. Da suo padre Stefano Zago ha ereditato, infatti, quella che è oggi una delle televisioni più specializzate sul piano informativo. Parliamo di Tele Ambiente (canale 78), l'emittente con sede principale a Roma e che si occupa quasi esclusivamente di tutela del nostro ambiente naturale nel segno di una costante ricerca e approfondimento legato allo sviluppo sostenibile.

In questo sforzo Zago, che è il Presidente della Cooperativa Multimedia Coop. insieme ai suoi venti collaboratori, cerca di offrire dei servizi ai consumatori, informazioni sui sistemi produttivi e sul mondo agroalimentare.

Attualmente Tele Ambiente copre il Lazio, l'Abruzzo, la Campania e la Lombardia, quest'ultima attraverso il canale 812.

Per cominciare una domanda quasi di rito: come vede il Progetto REA, Radiotelevisioni Europee Associate, che si propone di stimolare in tutto il Paese un vasto dibattito sulla necessità di creare un Nuovo Stato Sociale?

Posso solo parlar bene di questo Progetto, visto che la nostra televisione fa parte della REA e tutti noi collaboriamo direttamente alla sua riuscita. Del resto siamo impegnati in un settore cruciale per la costruzione di un nuovo Stato Sociale: quello della tutela ambientale che non solo cerca di rendere più vivibile il nostro mondo ma offre, se gestito correttamente, anche numerose possibilità di sviluppo economico e occupazionale.

Ma chi è il vostro telespettatore tipo?

Diciamo che ci sono due fasce d'età. La *prima* riguarda i giovani e giovanissimi che in buona parte hanno compreso che se non facciamo qualcosa rischiamo di finire tutti insieme nel burrone.

La *seconda* è composta dagli ultra sessantenni, coloro che probabilmente hanno animato il famoso '68 e che oggi sentono il dovere di non lasciare alle future generazione un mondo devastato. Francamente sono un po' latitanti le persone che vanno dai quaranta ai sessant'anni. Spesso sono troppo concentrate sul proprio lavoro e sugli affari, rimanendo completamente distanti dai problemi più generali che riguardano l'intera umanità.

Cosa ci può dire invece dei politici?

Salvo rare eccezioni non hanno alcuna cultura o interesse per i problemi ambientali. È come se vivessero in un altro mondo, salvo a dichiararsi preoccupati davanti alle telecamere. Ma se poi vengono sollecitati ad assicurare un qualche impegno concreto non sanno cosa dire.

Ma è vero che le varie mafie si sono infiltrate largamente nell'ambito, ad esempio, delle energie alternative?

Non v'è dubbio. Ma il problema non è solamente quello delle mafie ma anche dei grandi gruppi che operano nel sistema dell'energia e che ora hanno formalmente scoperto quanto sia vantaggiosa l'energia pulita e alternativa per la gente e, allo stesso tempo, pericolosa per i loro profitti.

Ed ecco che stanno cercando di offrire tutta una serie di nuovi contratti che mirano sostanzialmente a imbrigliare il consumatore, costringendolo a pagare le spese di distribuzione dell'energia. Giusto per fare un esempio: oggi l'utilizzo delle auto elettriche è sicuramente più vantaggioso rispetto all'utilizzo delle macchine a benzina. Così in futuro troveranno sicuramente il sistema per farci pagare salatamente la distribuzione e le postazioni necessarie per la ricarica delle batterie. Quindi finiremo per spendere più o meno quanto spendiamo oggi.

In conclusione, quali prospettive economiche intravede per la sua Tv e, in generale, per il comparto delle piccole e medie televisioni?

Sicuramente andiamo incontro a momenti sempre più difficili. Soprattutto per la mancanza di una vera volontà politica a sostenere il pluralismo dell'informazione. È vero che ultimamente il contributo pubblico per le emittenti locali è aumentato da 50 a circa 100 milioni di euro. Rimane, però, sempre una cifra irrisoria. Non sono quattro soldi in più che possono salvare un comparto che da lavoro a moltissime persone e che non solo deve districarsi nell'ambito di una crisi economica che ha colpito tutte le aziende ma spesso ha a che fare con una burocrazia a dir poco sconcertante.

Intervista a **Sabrina Todisco**

(Tele Studio - Puglia)

Punto Continenti – 9 febbraio 2017

LA POLITICA NON AMA LE TV LOCALI

Nata a Barletta, Sabrina Todisco praticamente mastica radio e televisioni sin da quando aveva 15 anni. Di temperamento molto estroverso e gioviale, ha seguito le orme del padre distinguendosi sul piano professionale per un'attività giornalistica agguerrita e incisiva.

Alcuni dei suoi servizi vengono ricordati come un esempio di quello che può fare e ottenere sul piano sociale una Tv Regionale. Parliamo di un patrimonio dell'informazione italiana che rischia di naufragare a causa di una serie di provvedimenti legislativi tendenti a mortificare questo delicato settore. In Puglia la Todisco gestisce un importante gruppo radio televisivo.

Del vostro gruppo fanno parte due Tv (Tele Studio 5 e TV Ofanto) e una Radio (Radio Studio 5). Ci può raccontare in estrema sintesi come è nato questo gruppo e come cerca di caratterizzarsi?

Mio padre ha iniziato a fare editoria radiofonica già nel lontano 1976 e poi successivamente ha rilanciato due emittenti televisive.

Ciò ha favorito la mia passione e l'inclinazione alla comunicazione verso i media, facendo maturare in me la necessità di utilizzare la comunicazione per il sociale evidenziando i soprusi e gli illeciti della politica. Quello che ho realizzato è noto al territorio attraverso i miei numerosi reportage.

In che misura vi occupate anche di problemi sociali?

I nostri mezzi di comunicazione sono nati all'insegna della libertà dell'informazione per favorire ed evidenziare il radicato locale nel territorio ma soprattutto per sviluppare nella collettività il senso civico verso il bene comune.

Come vede il Progetto REA inteso a sensibilizzare l'opinione pubblica sulla necessità di creare in Italia e all'estero un nuovo e forte Stato Sociale?

Ci siamo avvicinati al progetto REA sin dalla sua nascita dopo aver compreso gli obiettivi dell'associazione e soprattutto compreso il valore del suo Presidente, l'ing. Antonio Diomede che con la sua straordinaria tenacia è sempre pronto a difendere i diritti delle radio e Tv locali senza alcun compromesso.

Quale futuro si prospetta per le piccole e medie radio e Tv?

L'evoluzione delle Tv locali, in atto ormai da molti decenni, è partita nel lontano 1990 con la legge Mammì che ha sì permesso dei cambiamenti ma anche forti condizionamenti, soprattutto a causa di un sistema politico che da sempre legifera con l'intento di sfavorire la capacità d'impresa in questo settore, causando danni alle Tv locali a ogni passaggio di cambiamento o swich off.

Comunque, il sistema televisivo ormai digitale si sta evolvendo e sta viaggiando sempre più attraverso un sistema tecnologico tale da allontanare l'utente dall'attuale sistema e portarlo nella miriade di galassie della rete internet.

In questi termini, stiamo già sperimentando questo genere di utenza ma abbiamo anche la consapevolezza che è stata snaturata la Tv locale che aveva un ruolo di rilevanza capillare.

Il controllo dei media è l'obiettivo fondamentale della politica che attraverso questi cambiamenti ha voluto decimarci e controllarci cercando di inabissare i nostri ascolti attraverso una politica sempre più anticostituzionale.

LA REA AL PARLAMENTO EUROPEO.

Il 3 marzo 2016, invitato al Parlamento Europeo a tenere una relazione sullo Stato dell'informazione in Italia, **Antonio Diomede,** Presidente della REA ha concluso il suo intervento affermando: "Dall'Informazione dipende tutto. Solo comunicando correttamente e in modo esauriente sarà possibile garantire a tutti i cittadini il soddisfacimento dei Bisogni Capitali".

"É vero che la Costituzione tutela la libertà d'espressione: purtroppo, quello che spesso non viene tutelato è il diritto ad essere informati. Nel senso che spesso vengono nascoste notizie vitali per una sopravvivenza dignitosa".

Attualmente la REA è fortemente impegnata a rilanciare l'intero sistema informativo, soprattutto a livello locale. Si tratta di una grande operazione culturale. Al posto delle tante tele-vendite e programmi spesso scadenti, l'auspicio è che i vari palinsesti vengano arricchiti con programmi informativi di grande utilità sociale.

Vedere il video: La REA al Parlamento Europeo
https://www.youtube.com/watch?v=4zDNoNsiUz4

INFORMAZIONE E STATO SOCIALE

Intervista a **Mirta Bajamonte**

(Biomedico e Biotecnologo)

Punto Continenti – 21 maggio 2017

IL FUTURO È NELLE BIO BANCHE

Palermitana, madre di due bellissime figlie, appassionata di arte, danza e film di spionaggio, Mirta Bajamonte è un biomedico e biotecnologo di livello internazionale, nonché docente universitario e Presidente dell'ente no profit IVF Mediterranean Centre (coinvolge una quindicina di Paesi) impegnato nello studio dell'infertilità e della procreazione medica assistita.

Con la Bajamonte parleremo specificatamente di un impegno al quale lei ci tiene particolarmente. Si tratta del progetto Penco Bioscience, avviato alcuni anni fa dalla sua amica e biologa Susanna Penco. Un progetto ritenuto da molti esperti all'avanguardia nel mondo e che potrebbe, tra l'altro, rendere del tutto inutile la vivisezione attraverso la creazione di una bio banca fatta da organi e tessuti umani donati alla ricerca da persone sensibili.

É noto che il Progetto REA (Radiotelevisioni Europee Associate) di sensibilizzazione dell'opinione pubblica sulla necessità di creare un forte Stato Sociale si basa anche sull'innovazione in campo sanitario: ecco perché abbiamo ritenuto particolarmente interessante intervistare la Bajamonte decisamente attiva sul fronte delle ricerche avanzate.

In estrema sintesi in cosa consiste il Progetto Penco?

Penco Bioscience ha come obiettivo la ricerca concreta su materiale biologico umano perché metodo corretto di ricerca da sostituire alla sperimentazione animale (comunemente detta vivisezione). Per fare questo propone l'adesione alla donazione di organi e tessuti umani, a scelta, in vita dopo interventi chirurgici o dopo la morte, o entrambe le possibilità' , tramite un tesseramento . Per studiare il materiale biologico umano per capire le malattie della specie umana, Penco Bioscience sta creando delle strutture adatte che si chiamano Bio Banche, dove il materiale biologico umano che arriva viene conservato per poi essere studiato. E' un progetto innovativo e rivoluzionario nel mondo della ricerca scientifica.

Quali sono i vantaggi concreti per i malati?

I vantaggi concreti per i malati sono di potere studiare realmente le cause di una malattia e di produrre terapie che siano veramente efficaci e possibilmente risolutive della malattia studiata.

É vero che puntate soprattutto su una nuova classe di giovani ricercatori e quali spazi si aprono concretamente per i giovani medici?

Confermo che puntiamo su una nuova classe di nuovo ricercatori, giovani medici, e che per questo abbiamo avviato anche corsi di formazione professionale sui metodi di ricerca sostitutivi su materiale biologico umano. Concretamente nel creare le Bio Banche, creeremo posti di lavoro per potere fare ricerca secondo i nostri obiettivi.

Il cittadino che decide di donare organi e tessuti umani, e quindi associarsi alla vostra iniziativa, compie solo un bel gesto o può contare anche su dei vantaggi personali?

Il cittadino che si tessera con noi, diviene un donatore di organi e tessuti umani per la ricerca secondo le modalità' che lui stesso sceglierà'. Sicuramente nel farlo contribuirà alla vera ricerca scientifica, riceverà una nostra news letter periodica che informerà sui nuovi progressi compiuti, riceverà la tessera di donatore, e potrà avere la possibilità, con l'avanzare della ricerca sul suo materiale biologico donato, di accedere ad una serie di informazioni genetiche che staranno già alla base della prevenzione di alcune patologie per lui. Quest'ultimo punto é un dato molto importante che abbiamo messo a punto con uno dei due Vice Presidenti di Penco BioScience

E' noto che nel 2014 lei ha avuto seri problemi con la Regione Siciliana che aveva bloccato il suo progetto di creazione di una banca dei tessuti. Ce la può riassumere in estrema sintesi questa vicenda e come poi è finito il contenzioso?

Non ho avuto un contenzioso con la Regione Sicilia. Nel 2014 sono avvenuti dei gravi fatti di mafia della sanità' a Palermo, che mi hanno visto coinvolta come attore *contro il Sistema,* per le cui motivazioni ho presentato denuncia alla Commissione Parlamentare Antimafia, direttamente al Presidente On. Rosi Bindi.

Intervista a **Alberta Bellussi**

(Giornalista)

Punto Continenti – 30 giugno 2016

VESTITI USATI: UNA GRANDE RISORSA SOCIALE

Laureata in Lingue e Letterature Straniere, scrittrice e collaboratrice di molte testate locali, Alberta Bellussi vive nella Provincia di Treviso. Da molti anni segue con particolare attenzione e competenza le problematiche ambientali, collaborando assiduamente sulla testata online www.oggitreviso.it e sulla web-Tv www.venetoglobe.com (dove cura la rubrica Ecologia e Territori), oltre a gestire un proprio Blog.

Mamma di un bambino di 12 anni chiamato Riccardo, la Bellussi ha maturato anche una decennale esperienza politica come Assessore all'Ambiente, al Sociale e alle Politiche Giovanili di un piccolo Comune.

Profondamente orgogliosa delle sue origini venete, dotata di una forte personalità e molto severa con se stessa, la Bellussi oltre a divorare libri e a viaggiare spesso, dedica buona parte del suo tempo all'associazionismo e ad alcune iniziative particolari, come quella di dare una 'destinazione sociale' ai vesti usati. Ed è proprio su questo particolare impegno che l'abbiamo intervistata.

Lei da molto tempo fa parte di un'associazione a carattere sociale chiamata *RiusiAMO* che si occupa di riuso. Come è nata questa Associazione, cosa fa esattamente e in quali ambiti territoriali opera?

RiusiAMO nasce da un'idea comune che ho condiviso con l'amica Enrica. A entrambe piaceva realizzare un evento a tutto tondo che promuovesse la filosofia del riciclo e del riuso; del non si getta nulla perché potrebbe servire ad altre persone. Il logo di RiusiAMO è un cuore formato dalla parola AMO per sottolineare l'amore per l'ambiente e la salute del nostro pianeta. RiusiAMO è un gruppo, non è ancora un'Associazione; siamo una ventina di donne. Ognuna di noi ha le sue abilità, le sue conoscenze che condividiamo per promuovere la pratica del riciclo e del riuso.

Siamo innamorate di questo mondo e lo vorremo lasciare un po' migliore ai nostri figli.

Il nostro evento si svolge il 25 aprile in un bellissimo Borgo storico della provincia di Treviso, Borgo Malanotte, nella Frazione di Tezze di Piave. In quella giornata si svolgono mercatini di Scambio/baratto/vendita, sfilate di moda con vestiti Vintage, laboratori di riuso creativo per adulti e bambini, nonché la manifestazione Ecogiocando: un laboratorio di giochi creati con materiale di riciclo insieme a uno spazio musicale dedicato ai gruppi che suonano con strumenti musicali ricavati da materiale riciclato.

Infine, ci sono seminari di ogni tipo inerenti al tema, mostre d'arte sempre con materiali di riciclo e cucina a spreco zero. È un evento che si pregia del logo di Ecoevento dato dal C.I.T (Compagnia Italiana Turismo) e da Savno (Servizi Ambientali Veneto Nord Orientale). É un'idea molto bella e ben articolata che abbiamo proposto al nostro Consorzio Igiene della Sinistra Piave e a Savno perché, dato il successo che riscontra, diventi evento di riferimento di queste tematiche.

Premesso che vestirsi dignitosamente è un diritto fondamentale, secondo lei cosa dovrebbe fare lo Stato per risolvere questo problema che ha numerosi risvolti, tra cui anche quello di facilitare o meno la ricerca di un lavoro?

Mah è una domanda molto bella alla quale non si riesce a dare la risposta che eticamente sarebbe giusto dare. Avendo operato molti anni nel sociale per il Comune di Vazzola, per il quale sono stata Assessore, posso dire che lo Stato non considera questa tematica come parte delle priorità sociali. In realtà la crisi e la diffusione della povertà, anche in classi sociali che avevano sempre vissuto dignitosamente, fa sì che nascano esigenze e necessità fino a prima sconosciute.

I pochi soldi a disposizione di una famiglia vengono spesi per le necessità primarie che diventano il cibo, i farmaci e la scuola, mentre il vestirsi passa in secondo piano. Lo Stato demanda questa nuova emergenza alle associazioni e a qualche Comune che si ingegna di suo come può e con le risorse che ha. Però realmente a far fronte a questa nuova esigenza ci sono le Associazioni benefiche che hanno dei veri e propri spazi dove distribuiscono abbigliamento usato. Sono nati, anche, molti negozi dell'usato che fino a poco tempo fa venivano snobbati e ora sono sovraffollati.

La grande novità, però, sono gli eventi, i mercatini dello scambio - baratto - vendita di usato, i swappy party che erano fenomeni di moda solo a Londra, Parigi ecc. C'è una nuova dignità dell'abito usato perché rientra anche in una nuova sensibilità green.

Quali sono i dati della raccolta di abiti e quale è la tendenza italiana?

Il principio del "non si butta via niente" sta generando una spirale molto interessante, soprattutto se si considera il momento di crisi generalizzata del sistema Italia. A ogni cambio di stagione o quando crescono i bambini, nelle famiglie si raccolgono in un sacco gli abiti da dare via: ogni italiano ne produce – tra vestiti e accessori – 4 chilogrammi l'anno. Qualcuno li porta alle associazioni caritatevoli, molti li conferiscono nei cassonetti gialli presenti in quasi tutti i comuni italiani.

E proprio in questi cassonetti gialli si nasconde un tesoro per il riciclo e il riutilizzo: delle 110.000 tonnellate di abiti raccolti, quasi tutto è riutilizzabile o riciclabile e se la raccolta fosse fatta in modo efficiente porterebbe a un risparmio annuo di 36 milioni di euro del costo di smaltimento dei rifiuti urbani. Le tonnellate che vengono raccolte ogni anno potrebbero essere oltre il triplo se la raccolta venisse fatta capillarmente nei comuni. Oggi siamo fermi a 1,3 chili di rifiuti tessili differenziabili, molto lontani dalla media europea di 7 chili pro capite.

Recentemente sono avvenuti numerosi scandali, soprattutto a Roma e a Napoli, nella raccolta e distribuzione di vestiti usati, che non venivano dati ai poveri ma venduti in Africa ed Europa orientale. Di questa materia sono competenti soprattutto i Comuni. Secondo lei come è possibile evitare che si ripetano questi fenomeni?

Purtroppo in ogni ambito e in ogni settore accadono truffe e cose poco etiche, sia dal punto di vista umano che sociale. Credo che l'unico modo per combattere queste cattive pratiche sia quello di sensibilizzare i Comuni affinché i tessuti, i vestiti e l'abbigliamento gettati vengano presi nella massima considerazione.

Così facendo, i Comuni avrebbero anche un vantaggio rispetto all'obbligo del 65% di raccolta differenziata imposto dall'Unione europea, perché anche il vestiario usato è calcolato come rifiuto differenziato.

Inoltre, ci sono altre due strade da considerare: la prima, praticata da pochi, è quella di gestire in proprio la raccolta e il conferimento degli abiti usati. La seconda, devolvere alla Caritas il margine economico ricavato, sotto forma di contributo per le mense dei poveri o proprio nella distribuzione degli abiti. E questa è la strada maggiormente battuta.

Secondo i dati raccolti dal Conau, il Consorzio Nazionale Abiti e Accessori, una percentuale tra il 50 e il 70% dei Comuni italiani mette in pratica una capillare raccolta degli abiti tramite i cassonetti gialli, uno ogni 1.500 abitanti, in base all'accordo firmato dall'Associazione Nazionale Comuni Italiani con la Conau.

Se la raccolta diventasse più diffusa, si potrebbe arrivare alla soglia delle 300.000 tonnellate l'anno di abiti usati raccolti, dai 3 ai 5 chilogrammi pro capite, avvicinandosi così alla media degli altri Paesi europei e risparmiando i 36 milioni di euro annui del costo di smaltimento dei rifiuti urbani. Anche perché gli abiti che chiusi nei sacchi vengono conferiti nei cassonetti gialli sono rifiuti, ma non lo sono fino in fondo perché per il 50 - 60% è materiale che viene trattato come tale.

Gli abiti recuperabili subiscono un processo di igienizzazione e vengono poi venduti come vestiti usati nei mercatini. Il restante viene trasformato in materia prima e utilizzato per materassi, pannelli fonoassorbenti, oppure usato per recuperare la fibra tessile. In pratica, la fase di trattamento prevede prima la selezione, in cui si divide la merce e si eliminano i materiali estranei, e l'igienizzazione, per raggiungere le specifiche microbiologiche indicate dalla legge.

Il riciclo e il riuso dei rifiuti che benefici portano all'ambiente?

Il recupero degli abiti usati non è solo una buona pratica di riciclo e riutilizzo: raccogliere e riconvertire un chilo di rifiuti tessili può ridurre di 3,6 chilogrammi le emissioni di CO2, di 6mila litri il consumo di acqua, di 0,3 chilogrammi di fertilizzanti e di 0,2 chilogrammi di pesticidi.

A stabilirlo è uno studio di un gruppo di ricercatori dell'università di Copenaghen, diffuso dalla Fondazione sviluppo sostenibile. Confrontando i dati della produzione nazionale di rifiuti urbani con la raccolta differenziata totale e la raccolta specifica della frazione tessile dal 2001 al 2008, lo studio dei ricercatori danesi fa notare come quest'ultima sia raddoppiata, passando dallo 0,11% allo 0,22%, mentre il valore medio pro-capite ha subito solo un lieve aumento, anche se resta sostanziale la differenza tra le aree del Nord, Centro e Sud Italia.

E se la raccolta fosse fatta in modo corretto, secondo l'università di Copenaghen si potrebbero recupero dai 3 ai 5 chilogrammi l'anno di rifiuti tessili che altrimenti vengono gettati nei rifiuti indifferenziati. Questo vorrebbe dire togliere dalle discariche circa 240.000 tonnellate di rifiuti tessili, risparmiando ogni anno 864.000 tonnellate di emissioni di Co2, 72.000 tonnellate di fertilizzanti e 48.000 tonnellate di pesticidi.

Attraverso il programma FEAD l'Unione Europea intende combattere non solo la fame ma anche altre privazioni, tra le quali anche la mancanza di vestiti. Lei come giudica la politica europea in materia?

Il Fondo di aiuti europei agli indigenti (FEAD) ha assegnato all'Italia 670 milioni di euro per il periodo 2014 - 2020 per fornire generi alimentari e altre forme di assistenza materiale alle persone più bisognose nel paese (questa cifra sarà affiancata da 118 milioni di euro provenienti da risorse nazionali). Si tratta del programma FEAD più grande dell'UE per dotazione finanziaria. Il fondo offre un importante contributo finanziario per coprire i bisogni più urgenti, con particolare attenzione ai più vulnerabili, come le persone senza fissa dimora e i bambini di famiglie indigenti. Sono convinta che il programma avrà un ruolo chiave nella lotta contro la povertà e l'esclusione sociale nel paese.

Lo Stato nella consegna degli aiuti alimentari si avvale di una vasta rete di 15.000 organizzazioni non governative locali, che distribuiscono cibo nelle mense, in forma confezionata, oppure direttamente pasti caldi e bevande per i senzatetto. Sono iniziative e fondi molto importanti per far fronte a queste emergenze sociali. La speranza è sempre la stessa, cioè, che chi è designato a distribuire questi fondi li utilizzi per il fine che sono stati emessi.

PORTIAMO NELLE SCUOLE L'AMORE PER LA LIRICA

Bisogna partire dalle scuole è uno dei leitmotiv invocati spesso a proposito e sproposito da politici, amministratori, uomini di cultura, giornalisti, ecc. Ebbene, in Italia c'è chi lo fa per davvero da alcuni anni e in uno dei settori più delicati della nostra cultura: l'Opera lirica. Parliamo di Matteo Bonotto che ha avuto la splendida idea di coinvolgere le scuole per promuovere l'amore per la musica e la lirica, un amore che, purtroppo, sta gradualmente scemando in Italia, cioè, proprio nella patria del bel canto. Lo testimoniano i vari concorsi lirici sempre più affollati di cantanti asiatici e latino americani, mentre la partecipazione italiana si sta gradualmente assottigliando, sia sul piano quantitativo che qualitativo.

Insieme ad alcuni amici, tra cui la dinamica presentatrice professionista Valentina Lo Surdo, Bonotto ha creato l'Associazione Musicale InCanto. Tutti insieme, e senza alcun contributo pubblico, stanno cercando di fare quello che dovrebbe fare ogni Stato interessato a preservare e a tramandare alle future generazioni gli aspetti più caratterizzanti della propria cultura. Mettere in scena rappresentazioni operistiche con un teatro pieno di ragazzini che cantano in coro, che hanno scoperto i segreti rudimentali dell'allestimento di una scenografia, che creano con le proprie mani i costumi. È molto di più di una delle tante iniziative culturali: è un vero servizio (senza scomodare la retorica) alla nazione.

Come è nata concretamente l'idea di costituire l'Associazione Musicale InCanto?

Ci siamo accorti che è sempre più viva nella società l'esigenza di riscoprire il valore e la centralità della musica all'interno della nostra cultura: un patrimonio così importante che sta andando perduto e che, secondo noi, va restituito alle nuove generazioni. La musica può sicuramente rappresentare un'opportunità per completare e rafforzare la formazione di un bambino non solo per trarne un beneficio a livello individuale ma anche per la collettività. Sarebbe necessario modificare il piano formativo scolastico introducendo, sin dall'asilo nido, programmi e progetti che guardino alla musica come un nuovo linguaggio educativo. Da qui nasce Europa InCanto, per educare e formare piccoli e grandi attraverso la musica, quella colta, considerata da sempre appannaggio di un'èlite.

Come è strutturata e come si sostiene l'Associazione?

Siamo tutti ragazzi che lavorano nel settore artistico e ognuno ha un ruolo ben preciso. C'è chi si occupa dell'organizzazione, chi delle scelte artistiche, e poi tutte le professionalità che servono per realizzare i nostri progetti. Spesso arriviamo ad avere oltre 40 collaboratori ed è una scelta ben precisa quella di 'reclutare' giovani anche con poca esperienze e crescere insieme a loro, è un modo per formare la propria competenza e per creare nuove opportunità sia di visibilità sia di lavoro.

L'associazione si autosostiene interamente, e riesce a portare avanti i propri progetti grazie a piccoli contributi per la partecipazione da parte dei privati. Fino ad ora, infatti, non abbiamo mai ricevuto alcuna sovvenzione pubblica.

Quali sono gli obiettivi principali?

Sicuramente si vuole rendere autonome ed erudite le nuove leve educandole a un linguaggio che ancora non conoscono, quello della musica colta, affinché possa essere fruibile a un nuovo target di utenza. Ed è proprio partendo dalla volontà di ampliare gli orizzonti didattici in campo musicale di educatori, insegnanti e operatori sociali, che si saprà trasmettere l'amore per la cultura musicale e artistica come un bene per la persona e un valore sociale. Europa InCanto vuole sicuramente porsi come punto di riferimento per quanti, svantaggiati o portatori di handicap, possano trovare nelle varie sfaccettature ed espressioni della musicoterapia, un sollievo al proprio disagio.

In concreto come si sviluppa il Progetto Scuola InCanto?

Scuola InCanto è articolato in più momenti. Si parte con la parte propedeutica dove i docenti delle scuole, attraverso laboratori e seminari, acquisiscono tutte le competenze che gli permetteranno di sviluppare in classe un percorso didattico mirato. È sicuramente uno dei punti di forza del progetto, perché maestre e professori comprendono quanto sia importante acquisire nozioni su argomenti considerati difficili come l'opera lirica e di quanto invece sia facile trasmetterle ai loro alunni. Successivamente i nostri esperti in didattica della musica e cantanti lirici approfondiscono il lavoro già svolto dai docenti attraverso degli incontri frontali in classe: i bambini lavorano sull'intonazione, sulla metrica, sulla storia dell'opera.

Quanto durano, quale impegno viene richiesto ai ragazzi e quanto costano i corsi?

I corsi durano quasi un intero anno scolastico, da dicembre a maggio, proprio per dare modo agli studenti di poter approfondire le tematiche anche a livello interdisciplinare. Ai ragazzi non viene chiesto un vero e proprio impegno allo studio ma più che altro un impegno a divertirsi con la musica, ad apprendere in modo giocoso le storie e gli intrighi nascosti nella trama dell'opera che studieranno.

Agli studenti viene fornito un kit didattico contenente il libro e il cd audio che accompagna gli alunni in tutto il percorso di apprendimento, e con cui potranno ripassare i brani da cantare a casa, in macchina con i genitori, a scuola, e tutto quindi diventa molto fruibile e alla portata di ogni età: l'opera lirica, frequentemente considerata appannaggio di pochi, entra a far parte del bagaglio culturale delle nuove e vecchie generazioni. Per un percorso di apprendimento che dura circa 6 mesi la quota di partecipazione è di 15 euro per l'intero progetto comprensivo del Kit didattico. Ogni anno cerchiamo di mantenere inalterato questo costo minimo affinché tutti possano prendere parte al progetto intervenendo anche con molte gratuità.

Quali sono i vostri progetti futuri?

In questi pochi anni di esperienza abbiamo capito quanto sia importante investire sui giovani, in particolar modo per educarli a un patrimonio dimenticato. Attraverso l'opera lirica vogliamo che gli studenti scoprano le loro origini, che approfondiscano la storia italiana e che capiscano il vero valore culturale del nostro paese. Per il futuro speriamo di poter far conoscere il nostro progetto all'estero, dove siamo sicuri, sarà molto apprezzato e, perché no, farlo diventare programma scolastico obbligatorio in tutte le scuole!

Intervista a **Marco Buselli**

(Sindaco di Volterra)

Punto Continenti – 6 giugno 2017

VOLTERRA: NO ALLA CHIUSURA DELL'OSPEDALE

"C'è un solo modo per definire questa scelta: paradossale". A parlare è il giovane Sindaco di Volterra, Marco Buselli, che sta cercando in tutti i modi di evitare il graduale smantellamento dell'Ospedale Santa Maria Maddalena di Volterra, in provincia di Pisa. Un Ospedale che ogni anno soddisfa un bacino d'utenza di oltre 30 mila persone ma che per la legge del risparmio dovrebbe gradualmente scomparire.

Dice Buselli: "È vero che la legge parla di un bacino d'utenza di circa 80 mila persone per ospitare un Ospedale. Ma è anche vero che ci sono particolari situazioni geografiche che impongono altre soluzioni: il caso Volterra è una di queste". La città, infatti, non è facilmente raggiungibile, ci sono strade piene di curve che non consentono un veloce accesso agli ospedali più vicini. Recentemente è stata salvata una ragazza proprio perché si trovava nelle vicinanze, altrimenti avrebbe corso seri rischi di sopravvivenza.

"Inoltre", prosegue Buselli, "il bacino di utenze è nella realtà molto più esteso: gli elevati livelli di specializzazione raggiunti da alcuni reparti dell'Ospedale attirano pazienti da tutte le regioni italiane". A tutto ciò possiamo aggiungere che mentre si cerca di risparmiare smantellando l'Ospedale di Volterra in contemporanea sono in costruzione 4 nuovi mega ospedali nel raggio di 100 km all'interno del cosiddetto quadrilatero Pistoia, Lucca, Prato e Apuane con distanze irrisorie. Tra Prato e Pistoia scorrono, ad esempio, appena 14 chilometri. Ma prima di andare avanti è forse il caso di raccontare anche la lunga storia dell'Ospedale di Volterra.

Le sue origini risalgono al 1161. Attualmente la struttura è il frutto di un processo di unificazione avviato nel 1383 su iniziativa del Vescovo Simone De Pagani che ha riguardato 46 ospedali esistenti sul territorio.

Nel 1473 gli Ospedali riuniti sono passati al Comune di Volterra. Nel 1980, a due anni dalla legge 'Basaglia', una parte degli edifici è stata riconvertita a nuovo Ospedale Civile di Volterra. Nel

1984 fu lasciata la vecchia struttura e il nosocomio fu trasferito nella nuova sede di San Lazzaro. Da registrare che l'Ospedale di Volterra fa parte degli "Ospedali che promuovono salute" (HPH) e ha in corso i due sottoprogetti: "Ospedale senza fumo" e "Ospedale Aperto".

Tra i vari reparti esistenti all'interno dell'Ospedale (alcuni gradualmente smantellati o depotenziati) figurano Chirurgia (Volterra è diventata la prima chirurgia vertebrale in Italia), Urologia, Medicina generale, Ortopedia, Oncologia, Oculistica, Cardiologia, Neurologia, Ginecologia, Rianimazione. Inoltre, sempre all'interno dell'area ospedaliera di Volterra hanno trovato collocazione anche le strutture dell'INAIL con il Reparto di Riabilitazione Motoria e dell'Auxilium Vitae Volterra SpA con i seguenti reparti: Riabilitazione Cardiologica; Riabilitazione Neurologica, Unità di Risveglio.

Altro dato importante: recentemente è stato potenziato il pronto soccorso ed è stato costruito l'elisoccorso più caro d'Europa, in una zona dove si può atterrare rarissimamente a causa dell'esposizione ai venti. Purtroppo, in moltissimi casi questo elisoccorso è inutilizzabile a causa delle condizioni atmosferiche. Sostiene Simone Migliorini, volteriano doc e Direttore del Festival di Volterra: "La chiusura dell'Ospedale è semplicemente un'assurdità. Ci stiamo mobilitando tutti, dal mondo artistico a quello artigianale, dai commercianti agli imprenditori: tutti uniti per evitare che si compia un altro scempio nel mondo della sanità".

In effetti il 10 giugno a Volterra verrà organizzata una grande manifestazione popolare contro la chiusura dell'Ospedale alla quale hanno aderito altri Comuni, i Sindacati e diverse sigle, tra cui le Pubbliche Assistenze dell'Alta Val di Cecina (Humanitas Ponteginori, PA S. Dalmazio, PA Montecastelli Pisano, PA Sasso Pisano, PA Protezione Civile Alta VC Larderello, PA Soc. Mutuo Soccorso di Montecerboli), nonché Spazio Libero, Comitato per la salute pubblica Val di Cecina, Associazione pescatori sportivi Volterra, Comitato Difensori della Toscana, e altri. Infine, è allo studio anche un esposto alla Procura e alla Corte dei Conti. Da vedere come andrà a finire questa ingarbugliata e, per certi versi, assurda storia.

Articolo di **Riccardo Cappello**

(Avvocato)

Punto Continenti – 31 luglio 2014

LIBERALIZZAZIONI? NUOVA OCCASIONE SPRECATA

La liberalizzazione delle professioni inserita nella manovra finanziaria è stata subito stralciata per l'opposizione degli avvocati parlamentari che, con molto spirito corporativo e scarso senso dello Stato, hanno minacciato di non votare la manovra, con le prevedibili conseguenze sulla tenuta del Governo e sull'economia del Paese, se non fosse stato ritirato l'emendamento.

Il quale, nella versione approvata della manovra, è stato ridotto ad un "il Governo formulerà alle categorie interessate proposte di riforma in materia di liberalizzazione dei servizi e delle attività economiche" e ad un richiamo all'art. 33, V° comma della Costituzione che prevede un esame di Stato per alcune attività ma non cita affatto gli ordini. Continua così ad esserci un pezzo del Paese che fa sacrifici e una parte che, nonostante la grave crisi economica, rivendicando una sua specificità e un molto discutibile ruolo pubblico, fa prevalere logiche corporative.

La grave crisi economica che avrebbe consentito di fare quelle riforme 'serie' del sistema professionale che perfino la Grecia, in pieno default, è riuscita a realizzare, è stata sprecata. Ma, purtroppo, in Italia la ricerca del consenso supera tutti i limiti anche quello della decenza. L'Europa, che abbiamo ritenuto in grado di darci delle regole e di costringerci a rispettarle, formula solo progetti senza avere la forza di imporne agli Stati membri l'attuazione.

Le Direttive restano dichiarazioni di principio, ignorate ed eluse, la giurisprudenza della Corte di Giustizia, tenuta in scarsa considerazione mentre i singoli Stati contrabbandano la difesa dei privilegi locali con la tutela di vaghi ed indefiniti interessi generali.

Il mondo giuridico è quello che meglio rappresenta le difficoltà del processo di armonizzazione anche perché è il crocevia in cui si incontrano e si scontrano culture, interessi e assetti di potere. In esso si annidano consolidate rendite di posizioni che frenano la realizzazione del mercato unico.

Le restrizioni impediscono al mercato interno di funzionare e privano tanto le imprese che i cittadini europei della possibilità di scegliere tra una più vasta e migliore gamma di servizi a prezzi contenuti.

Il modello comunitario di professione forense, ad esempio, è ancora tutto da definire ma con un'unica certezza: la precisa ed acquisita equiparazione della professione legale all'attività d'impresa: le certezze europee, però, possono essere ignorate dai Paesi membri.

L'Europa, nata per integrare le economie dei Paesi membri e fondata sul principio di concorrenza e di libertà di mercato, continua a dilatarsi senza avere ancora deciso dove andare.

La paura dei lavoratori della vecchia Europa della concorrenza dei colleghi della nuova e il rischio di "dumping sociale" ha sepolto un progetto di direttiva (Bolkenstein), che avrebbe impresso una forte accelerazione al processo di unificazione.

La "competitività rispettosa del modello sociale europeo" consiste nell'affidare ai politici locali il controllo dei servizi professionali spesso usati come merce di scambio nel mercato elettorale. Forse ha ragione Alberto Alesina (economista italiano e professore all'Università Harvard a Cambridge) quando afferma che l'Europa, grande potenza del XXI° secolo e contrappeso degli Stati Uniti, non esiste più". Forse non è mai esistita, forse "è rimasta sotto le macerie provocate dalla caduta del muro di Berlino o è stata uccisa dalla bulimia da allargamento.

Intervista a **Ennio Caretto**

(Giornalista e scrittore)

Punto Continenti – 4 dicembre 2016

LO STATO SOCIALE DA AUGUSTO A TRUMP

Quando uscì nel 2012 il libro di Ennio Caretto Il Welfare State nell'Antica Roma (Editori Internazionali Riuniti) il sottotitolo recitava 'Lo Stato Sociale da Augusto a Obama'. A quattro anni di distanza, una eventuale riedizione presenterebbe sicuramente una sotto-intitolazione ancora più intrigante: da Ottaviano a Trump. Cioè, dal primo Imperatore (poi diventato Augusto) che due mila anni fa diede il via alla concezione di uno Stato Sociale fino al nuovo Presidente degli Stati Uniti che probabilmente cercherà di mettere la parola 'fine' a ogni tutela pubblica dei più deboli.

Per moltissimi anni corrispondente dagli Stati Uniti del Corriere della Sera, Caretto rappresenta sicuramente uno dei giornalisti italiani più affermati e che meglio conosce la realtà americana. Tra i suoi libri possiamo citare 'La caduta di Saigon', 'Made in USA', 'Se vuoi fare l'americano', 'Le due Torri'.

Nessuno, quindi, meglio di lui può aiutarci a capire meglio quale destino si prospetti per lo Stato Sociale negli USA, in Europa e anche in Italia dove, a differenza di ciò che avveniva nell'antica Roma, la ricchezza raramente rappresenta una scorciatoia per diventare potenti. "Semmai", ricorda Caretto, "avviene esattamente il contrario. Si cerca il potere soprattutto per diventare ricchi. E non è una differenza da poco. Ma torniamo al passato".

Come si caratterizzava, in concreto, lo Stato Sociale nell'Antica Roma?

Diciamo che per l'epoca rappresentava il sistema di protezione sociale più avanzato in assoluto, anche se non l'unico. Nel mondo ebraico, ad esempio, esisteva un sistema di redistribuzione della raccolta del grano. Altre forme di assistenza erano sorte in Grecia e alcune civiltà asiatiche e africane. Tornando all'Antica Roma, il sistema era abbastanza articolato. Gli appartenenti all'esercito potevano godere, ad esempio, di un'avanzata assistenza sanitaria e pensionistica. Un modello che, secondo alcuni esperti, trova riscontri concreti perfino nell'attuale esercito americano.

In ogni caso, attraverso l'Annona ogni capo famiglia poteva disporre di circa 35 chili di grano per la sua famiglia. Inoltre, in alcune ore del giorno i bagni pubblici erano accessibili gratuitamente, esisteva una forma di assistenza sanitaria con medici e ospedali pubblici. Anche gli orfani non venivano abbandonati.

Per quanto riguarda, infine, i divertimenti, i poveri potevano disporre di diversi posti gratuiti nelle arene e nei teatri. Quello che mancava era un'adeguata politica abitativa. In ogni caso, gli italiani potrebbero con orgoglio rivendicare d'essere stati storicamente i primi ad aver creato un sistema di protezione sociale. Peccato che anche da questo punto di vista non sappiamo prendere il meglio della nostra storia.

Lei ha fatto una battaglia per smontare le tesi di alcuni repubblicani americani che sostenevano che l'impero romano a suo tempo sia crollato non a causa delle invasioni barbariche, delle lotte per il potere, della corruzione, delle spese militari, ma perché investiva troppo nello Stato Sociale. Tutto ciò per ammonire la grande America a non seguire questo 'cattivo' esempio. Ma non è una sciocchezza?

Certo che lo è. Comunque va tenuto conto che molti repubblicani di oggi hanno poco a che vedere con i repubblicani del passato, dell'inizio del novecento. Penso a Theodoro Roosevelt, ad esempio, che si batté contro le compagnie e i monopoli al principio del 900. Anche se ci sono due realtà, una quella più aperta e progressista che vive sulle coste occidentali e orientali e l'altra molto più conservatrice che abita al centro del Paese, complessivamente gli americani stanno diventando ostaggi di una Repubblica prettamente capitalistica.

Ormai le socialdemocrazie europee vengono viste come qualcosa da cui scappare, come se fossero la personificazione del diavolo. Questi americani ritengono che ogni forma di assistenza sia da limitare perché ognuno, alla fine, è responsabile del proprio destino. Inoltre non vogliono prendere atto che la tecnologia crea meno posti di lavoro di quanto ne produca e che l'unico settore che ha grandi prospettive di lavoro è quello dei servizi sociali. Non nascondo di essere, a questo punto, molto preoccupato per ciò che potrà succedere con la nuova amministrazione Trump, sia sul piano politico e delle relazioni internazionali (penso ai rapporti con la Russia, la Cina, l'Iran), sia dal punto di vista della coesione sociale. Come si suol dire, speriamo che vada bene.

Come si pone invece l'Europa nei riguardi dello Stato Sociale?

Per molto tempo il vecchio continente è stato all'avanguardia sul piano dei diritti umanitari e sociali. Purtroppo negli ultimi anni assistiamo a un progressivo smantellamento di un sistema che per molto tempo è stato invidiato da tutti. Preferiamo, infatti, inseguire un modello che è disastroso. Il libero mercato non è democratico.

È vero che anche in America esiste una certa forma di assistenza sociale per gli anziani e i nullatenenti. Ma è un'assistenza molto scadente. Per gli altri c'è solo un'assistenza basata sul sistema assicurativo: in parole povere, sono le assicurazioni a decidere sul tipo di cura da intraprendere e sui medicinali da assumere. Francamente non mi sembra il massimo. La mia preoccupazione riguarda soprattutto le future generazioni.

Come giudica il tentativo intrapreso da alcune piccole e medie radio e televisioni associate alla REA di sostenere la nascita di un forte gruppo di pressione per la creazione di un Nuovo Stato Sociale?

Quello che sta facendo la REA è estremamente importante. Occorre informare la gente che stiamo perdendo non solo i benefici che dovrebbero essere accordati a ogni cittadino ma anche la consapevolezza di ciò che sta accadendo. Ci orientiamo sempre di più verso il modello americano che è un modello distruttivo. L'America non è quello che pensiamo, non è una socialdemocrazia, è una Repubblica capitalistica. Sono due cose completamente diverse. Ecco perché auspico una maggiore consapevolezza da parte dei cittadini, non solo dei loro doveri ma anche dei loro diritti. Dal mio punto di vista lo Stato è delegato da noi cittadini a prendersi cura di ognuno di noi a seconda dei suoi bisogni.

Non è possibile continuare ad assistere passivamente a una situazione che vede i ricchi diventare sempre più e i poveri sempre più poveri. Sia in America che in Italia le percentuali che riguardano la distribuzione della ricchezza e la soglia delle povertà sono pressoché uguali: circa il 10% della popolazione. Una situazione, alla lunga, insostenibile.

Articolo di **Maria Letizia Compatangelo**

(Drammaturga)

Punto Continenti – 18 gennaio 2016

LA CULTURA NELLO STATO SOCIALE

Nel vasto dibattito sulla creazione in tutti i Paesi di un forte Stato Sociale interviene con una lettera Maria Letizia Compatangelo, drammaturga e saggista, nonché Presidente del

Premio Cendic – Segesta, dedicato alla drammaturgia italiana contemporanea. Con il suo stile raffinato e incisivo la Compatangelo si sofferma sul ruolo e sul contributo che la cultura può dare alla rinascita di uno Stato interessato a garantire dignitose condizioni di vita a tutti i suoi cittadini.

Credo che sia giusto avviare una riflessione sul significato stesso di "Stato sociale" al giorno d'oggi, in quest'epoca di globalizzazione, a cavallo tra primo e terzo mondo.

Noi della vecchia Europa abbiamo un'idea dello Stato sociale che forse va aggiornata per stare al passo con la realtà, che supera immancabilmente le vecchie concezioni e indica nuove vie. È giusto però che l'iniziativa privata volontaristica sostituisca l'azione dello Stato?

A mio parere no. È giusto che esista e si moltiplichi, ma le indicazioni che il volontariato dà dovrebbero essere accolte e vagliate dalla politica, che è chiamata a garantire i soggetti più deboli. Purtroppo noi italiani abbiamo avuto un lungo periodo in cui Stato Sociale è diventato sinonimo di cattiva distribuzione delle risorse, di finanziamenti a pioggia, di denaro che non è andato là dove ce n'era veramente, e maggiormente, bisogno.

Contemporaneamente la crisi ha incattivito e inasprito gli animi, generando un diffuso e cinico *mors tua vita mea* che è all'estremo opposto della filosofia dell'accoglienza e della garanzia dei soggetti più svantaggiati, alla base della concezione stessa dello Stato sociale.

E veniamo alla cultura, di cui, grazie anche agli sforzi di chi ci lavora, si sta finalmente ricominciando a parlare con rispetto. Oltrepassato tra lo scherno generale il fatidico "con la cultura non si mangia", nella testa dei cittadini e nei calcoli della politica sta cominciando a farsi strada la verità che ogni euro investito in cultura viene restituito quadruplicato alla comunità: in lavoro, in contributi versati, per l'indotto che viene a determinarsi e per il controllo sociale che si produce: è ovvio che un quartiere dove vive un teatro, dove è aperto un museo, dove agisce un centro culturale sia senza dubbio più sicuro di altri, in cui alla gente che torna dal lavoro non resta altro da fare che chiudersi in casa, abbandonando le strade e il proprio territorio alla terra di nessuno.

Per adesso si è fatto ancora troppo poco, le risorse per la cultura sono ancora troppo limitate e ben lontane, penso al teatro, dagli standard europei.

Ma è una via da percorrere con convinzione, soprattutto in un Paese come il nostro, che detiene il 70% dei beni storici e artistici del mondo e che della cultura potrebbe fare la propria risorsa principale.

Intervista a **Beppe Costa**

(Scrittore)

Punto Continenti – 20 febbraio 2015

SOLO LA SCUOLA PUÒ FERMARE IL DEGRADO

Nato a Catania nel 1941, Beppe Costa (pseudonimo di Concetto Costa) viene considerato uno dei più eclettici e impegnati personaggi della cultura italiana. Infatti, oltre ad essere un poeta e scrittore, ha maturato una lunga esperienza anche come editore e libraio. Dopo aver fondato nel 1976 la casa editrice Pellicanolibri, nel 1992, a seguito della chiusura della casa editrice ha inaugurato a Roma una libreria con lo stesso nome, diventata col tempo un preciso punto di riferimento e dibattito, nonostante abbia la sede all'estrema periferia della città.

Tra i suoi libri di maggiore successo possiamo citare Romanzo siciliano. Ha collaborato con diversi giornali siciliani intervistando grandi personaggi della cultura mondiale come Alberto Moravia e Leopold Sedar Senghor. Vincitore di molti prestigiosi premi, Costa ha mantenuto nel corso degli anni numerose amicizie, tra cui Dario Bellezza, Enzo Jannacci, Leo Ferré, Mario Salis. Con quest'ultimo ha collaborato anche all'edizione italiana del Terranuova Festival. Nel 2014 una sua antologia di poesie è stata tradotta e pubblicata in Israele in lingua ebraica, israeliana e inglese, in occasione della 15ª edizione del Nissan Festival. In quella circostanza è stato premiato per la poesia e per l'impegno alla diffusione della stessa. A fine maggio dello stesso anno l'editore Gilgamesh ha pubblicato "La terra (non è) il

Finché è rimasta in vita, quale è stata la filosofia di fondo che ha animato la casa editrice Pellicanolibri?

Il compito fondamentale, negli anni delle pubblicazioni, era quello di segnalare autori importanti spesso non visti da grandi editori: così abbiamo scoperto Arrabal, Jodorowsky, Vazquez Montalban e tanti altri. Oggi, come Libreria continuiamo nella stessa direzione. Difficile compito perché si scontra con tutto ciò che i grandi mezzi di diffusione impongono a quegli scarsi lettori che il nostro paese ha sempre avuto. Segnalare però è il nostro compito e, malgrado tutto, per una certa parte, riusciamo a consigliare e guidare, tanto che molti entrando ci chiedono (come davanti al banco di una macelleria): "cosa mi da oggi?" Così nel nostro quartiere riusciamo a diffondere anche libri altrove impensabili.

La casa editrice nasce a Catania, poi si è trasferita a Roma diventando in seguito una libreria della periferia di Roma condotta da suo figlio Dante. Cosa resta di questo percorso?

Naturalmente mi sono trovato a disagio cercando di fare cultura sia in Sicilia che a Roma. Ho dovuto smettere di fare l'editore e, quando abbiamo avuto la certezza di potercela fare, almeno con la libreria, Dante, mio figlio che, in mezzo ai libri è cresciuto più di me, ne ha preso le redini. Il risultato è stato vincente. Io forse avrei desistito in questa lunga battaglia contro l'ignoranza ovvero la mia pretesa che tutti potessero notare ciò che facevo.

Alcuni miei cari amici non ci sono più come Dario Bellezza, Alberto Moravia, Goliarda Sapienza, Arnoldo Foà, Léo Ferré, altri che sono in vita, fra scrittori, poeti e musicisti, sono per me motivo di orgoglio perché apprezzano ciò che faccio e così anche per loro continuo a programmare degli incontri. Il quartiere è un po' sordo a simili eventi mentre per i tanti che arrivano da più lontano, Roma e altre regioni, si tratta di esperienze uniche; così le definiscono.

All'inizio del suo mandato il Presidente del Consiglio Matteo Renzi aveva messo l'accento sull'importanza fondamentale della scuola, dell'istruzione e della formazione professionale. Secondo lei riuscirà il Governo a mettere in pratica questo buon proposito?

Da molti anni la scuola crolla sia nei programmi che nelle strutture! Non si investe e le uniche novità evidenti sono state le riduzioni di ore di latino e di italiano a vantaggio della matematica (denaro, economia) e l'eliminazione dell'arte, l'assenza della musica e di una materia presente in tutti i paesi: la poesia. Non quella da imparare a memoria, ma scuola di vita e pensiero. Renzi farà ancora peggio. Quindi la quasi sparizione dei licei classici e scientifici diventati un miscuglio di altri indirizzi.

Lei ritiene giusto che una priorità assoluta per cambiare la società sia quella di prevedere una scuola pubblica gratuita a tutti i livelli, dalle elementari all'Università, lasciando poi al mercato il compito di selezionare i più meritevoli?

In questo caso, abbiamo una tradizione, mentre in tutta Europa e negli USA a scuola si paga tutto e solo una minima parte è assistita economicamente dallo Stato. Ma qui da noi sono stati fatti diversi tentativi, anche con i buoni libro, ma nel paese dei furbetti e delle carte false alla fine ne usufruiscono i più abbienti. I poveri, per tradizione, non sanno imbrogliare troppo le carte. Sarebbe un sogno, come in qualche paese del nord Europa che, dalla nascita alla laurea, la spesa è a carico totale dello Stato. Ma in quei paesi le tasse le pagano tutti.

In che misura le nuove tecnologie, dai tablet alle video conferenze potranno agevolare l'introduzione di un nuovo sistema scolastico molto più accessibile ai figli della parte più povera della popolazione?

In generale i mezzi elettronici sarebbero ben più utili se fossero indicati 'anche' come strumento aggiunto di informazione e documentazione, non un mero regalo di natale o mezzo per controllare i propri figli. Quindi, torniamo nuovamente alla scuola che dovrebbe non solo avere questi strumenti per sé, ma che dovrebbe informare sull'uso corretto e sulle grandi potenziali di apprendimento che essi potrebbero avere. Oltre naturalmente a essere anche strumento di svago. Purtroppo, poi, nel particolare abbiamo una popolazione che abbandona la scuola, in molte zone anche per l'impossibilità di mantenere i propri figli allo studio. Non abituati al libro di ogni genere non immagino che possa diventare strumento di apprendimento aggiuntivo. Semmai peggiorare e degradare quel minimo di sapere appreso in qualche modo nei primi anni di scuola.

Lei condivide l'idea che occorre potenziare notevolmente l'educazione civica nelle scuole, trasformandola in una vera e propria materia di studio (soggetta anche a bocciature) per modificare sensibilmente e positivamente i rapporti sociali?

Forse fino a 20 anni fa anche la televisione tendeva a pubblicizzare le buone maniere e l'educazione, oggi contribuisce all'opposto, partendo dai linguaggi dei politici e di quasi tutti i programmi di intrattenimento. La volgarità e l'assenza di un minimo di educazione imperano. In effetti come materia esiste ancora in alcuni tipi di istituti, demandata a volte al professore di storia ma quasi mai viene insegnata. La cosa più banale è che i giovani non fanno differenza fra il Presidente della Repubblica e quello del Consiglio talvolta confuso anche con un presidente di squadra di calcio che, a proposito, sembra l'unica materia di cui siano informati gli italiani, giovani o adulti che siano.

Lei ritiene possibile e giusto tentare di ricostruire in Italia un nuovo Stato Sociale da estendere poi all'Europa?

Forse sarebbe il caso di imitare qualche paese europeo come la Svezia o la Norvegia che attribuiscono a entrambi i genitori la possibilità di educare i figli, assentandosi dal lavoro senza perdere lo stipendio per sei mesi ciascuno, a turno; ritenendo, come avviene da noi, che la sola scuola non sia sufficiente. Occorre avere delle Università e scuole a tempo pieno. Naturalmente in Inghilterra tutto questo si paga e molto, poco più a nord invece si dà la possibilità a tutti di istruirsi e se poi, viene ritenuto poco adatto, l'elemento verrà indirizzato verso un lavoro che possa essergli più congeniale. Tutto questo nel nostro paese è impossibile, per mancanza di onestà e per il degrado, che da anni ha preso il sopravvento. Così come sperare di avere un lavoro senza alcuna raccomandazione.

Intervista a **Gualtiero Crozzoli**

(Artigiano)

Punto Continenti – 31 marzo 2017

LA NUOVA VISIONE DEGLI ARTIGIANI

L'obiettivo è certamente ambizioso: riunire il maggior numero di artigiani possibile per introdurre quelle modifiche legislative indispensabili per rilanciare l'Artigianato: un settore che oggi rischia di scomparire completamente sotto una babele di norme fiscali e adempimenti burocratici. Autore di questo sforzo collettivo è Gualtiero Crozzoli, nato come fabbro ma oggi titolare della nota azienda Revisteel, localizzata a Lariano (in provincia di Roma) e specializzata nella creazione di persiane blindate e altri dispositivi metallici. Di origine friulana, Crozzoli oltre ad essere un innovatore (ben 28 brevetti portano la sua firma) è anche un combattente nato: raggiunta una certa serenità e appagamento professionale, invece di limitarsi a godere i frutti del suo lavoro ha deciso di intraprendere una vera battaglia per riformare lo Stato.

A tale fine ha creato insieme a un'ottantina di colleghi l'Associazione Culturale l'Artigiano. "Ora", ci dice, "sono oltre mille che hanno manifestato la propria disponibilità a collaborare. Ma presto saremo un gruppo di pressione che le forze politiche non potranno continuare a ignorare".

Come primo passo L'associazione Artigiano ha lanciato un appello contro "la scellerata burocrazia, l'ingiusta, iniqua imposizione delle tasse. Lo Stato aiuta grandi industrie, società, banche, mentre allo stesso tempo artigiani, imprenditori e commercianti sono abbandonati a sé stessi, sfruttati, munti fino allo sfinimento, a tutto beneficio di tanti corrotti politici e parassiti che ruotano intorno a loro". Per Crozzoli, "la nascita di un nuovo e forte Stato Sociale deve partire dalla base, dall'Artigianato, un settore che se correttamente incentivato potrebbe risolvere tutti i problemi occupazionali, soprattutto in Italia che vanta numerosi artigiani di livello mondiale". L'appello lanciato da Crozzoli si estende dal fabbro al falegname, dal fornaio al vinaiolo, dal vaccaro all'ortolano, dal commerciante all'imprenditore, dal manovale al professore, dall'inventore all'artista.

Punto Continenti – 12 settembre 20117

IL MIRACOLO DELLA MUSICOTERAPIA

Abbiamo intervistato Elena D'Elia, una delle maggiori esperte in Italia di musicoterapia. Riconosciuta a livello internazionale, la musicoterapia affianca la medicina tradizionale e il bisogno di curarsi anche con sistemi alternativi. La D'Elia ha conosciuto la musicoterapia durante il suo primo percorso accademico, mentre era intenta a laurearsi in Storia della Musica presso l'Università "La Sapienza" di Roma.

L'interesse verso le applicazioni della musica in contesti preventivi, riabilitativi e terapeutici l'ha portata a iscriversi presso la Scuola di Formazione "Glass Harmonica" di Roma, sotto la supervisione della Dott.ssa M. Emerenziana D'Ulisse: è iniziato così un percorso triennale, professionalmente qualificante, secondo il modello Benenzon, dal nome del suo fondatore Roland Omar Benenzon, psichiatra argentino nato a Buenos Aires nel 1939. Questo metodo si basa sui principi di un intervento non verbale con il paziente, dove l'obiettivo è la relazione terapeutica mediata solamente dal suono. Dopo il diploma, ha cominciato a collaborare con una cooperativa sociale di Ladispoli (alle porte di Roma), per l'avvio di un laboratorio di musicoterapia rivolto ad utenti affetti da plurihandicap medio – grave, prevalentemente autistici o portatori di altre sindromi (Sindrome di Down, Sindrome dell'X fragile).

"Data l'eterogeneità del gruppo", dice la D'Elia, "ho dovuto affiancare i principi del modello benenzoniano alle mie esperienze di insegnante di musica, avviando così delle attività di gruppo con un intervento misto tra verbale e non verbale. Nel tempo, abbiamo iniziato a sonorizzare piccole storie e sequenze narrative attraverso l'uso dello strumentario Orff (percussioni prevalentemente non intonate), dando inconsapevolmente vita a un percorso che ci avrebbe portato alla drammatizzazione scenica in maniera strutturata". "Qui è accaduto in misura maggiore quello che, in genere, si verifica durante un trattamento individuale, nella relazione

---

paziente – terapeuta: molti degli utenti hanno subito una vera e propria catarsi dovuta all'immedesimazione nei personaggi interpretati, perlopiù legati a storie per l'infanzia molto valide soprattutto dal punto di vista pedagogico. Ciò ha favorito ulteriormente il potenziamento delle parti sane del paziente, attraverso le quali ogni ragazzo ha potuto scoprire e mettere in gioco altre risorse fino ad allora sopite, con una sorprendente ricaduta positiva su sé stesso e nella relazione con in compagni, l'équipe e la terapista stessa".

Dove operate generalmente?

La nostra attività di drammatizzazione, che cammina di pari passo con quella musicale, ci ha condotto fuori dal nostro ambiente. Ogni anno siamo ospiti degli Istituti Comprensivi del territorio, dove bambini e adolescenti ascoltano le nostre favole in musica: racconti che parlano di rispetto, d'inclusione, di abilità sociali e relazionali e soprattutto della reale possibilità di abbattere le differenze, in un'autentica dimensione di giustizia sociale. Purtroppo, la musicoterapia non gode del giusto riconoscimento a livello nazionale: sebbene sia una terapia di supporto che integra quelle più specificamente mediche, non esiste, ad oggi, un albo nazionale dei musicoterapisti (così come avviene anche per altre professioni, ad esempio i fisioterapisti), ma solamente un albo regionale. Inoltre, le cooperative e le piccole e medie realtà socio-assistenziali soffrono per la crescente indisponibilità di fondi, strutture e personale, che lavora anche per 8 – 10 ore al giorno per pochi euro l'ora.

Cosa si aspetta dagli enti pubblici?

Sarebbe auspicabile un intervento più massiccio dello Stato, dall'incremento delle ore di assistenza domiciliare a quello delle risorse disponibili per il cosiddetto *Dopo di noi*, che assicurino agli utenti le giuste cure una volta che i loro familiari non saranno più in vita. Come considerazione personale, infine, ritengo che valorizzare la musicoterapia, in quanto terapia integrata con quelle più strettamente mediche, migliorerebbe sensibilmente la qualità della vita degli utenti, con un potenziamento degli effetti delle cure farmacologiche ma soprattutto con un innalzamento del benessere psicofisico che allevi la sofferenza degli utenti e la fatica dei badanti, quali familiari e operatori.

LA VIA PUGLIESE ALLA PROMOZIONE AGRICOLA

Nell'ambito del Progetto REA (Radiotelevisioni Europee Associate) incentrato sul tentativo di un gruppo di giornalisti, imprenditori, professionisti, artigiani e operatori sociali inteso a sensibilizzare l'opinione pubblica sulla necessità di creare un nuovo e forte Stato Sociale, il problema dell'alimentazione si trova al primo posto tra i cosiddetti 7 Bisogni Capitali (gli altri 6 bisogni riguardano: vestirsi, avere un tetto, curarsi, istruirsi, difendersi legalmente e avere una corretta informazione).

In questo quadro s'inserisce il tentativo di individuare, soprattutto a livello locale e Regionale, tutte le iniziative orientate a trovare in chiave sociale delle soluzioni per promuovere la produttività e lo sviluppo del nostro sistema agroalimentare. Tra queste iniziative figura anche l'Associazione di Promozione Sociale Comunità Italiana nel Mondo (Arti, Cultura, Nutrizione) promossa in Puglia da Giosuè Gilberto di Molfetta, consulente aziendale e commerciale, che si propone la valorizzare la produzione agricola pugliese nel mondo. Ma ecco cosa Gilberto di Molfetta ha detto a Punto Continenti.

Come è nata e quali sono gli obiettivi principali della vostra associazione?

L' *Associazione di Promozione Sociale Comunità Italiana nel* è nata nel gennaio 2016 su sollecitazione mia e con l'approvazione di alcuni amici di elevato spessore culturale e di diversa cultura regionale, tutti orientati alla valorizzazione delle arti umane di diversa specie: dall'artigianato alla coltivazione della terra, alla musica e al teatro. L'obiettivo è fondersi e intercambiare esperienze e prodotti.

Tutto ciò consentirà uno sviluppo armonioso dei territori attraverso il turismo e la conoscenza *de visu,* toccando con mano chi fa le cose per scoprire come vengono fatte e apprezzate sul posto, e quindi farle proprie. Difatti le cose e le persone si possono apprezzare solo avendoci a che fare, conoscendole, non certo per sentito dire (che rappresenta solo punti di vista altrui, quindi "altre verità" e non certo "la verità") .

Come giudica il tentativo della REA di raggruppare trasversalmente giornalisti, imprenditori, operatori economici e sociali, esperti e professionisti allo scopo di creare un consistente gruppo di pressione per la rinascita di un forte Stato Sociale?

É un encomiabile modo per scambiare i propri *punti di vista* che diventa una ricchezza di idee da cui tutti possono trarre beneficio. Difatti la nostra *mission* mette in risalto la promozione del territorio integrando tutte le sfaccettature e le arti presenti e originate dai nostri avi. Ciò consente una sopravvivenza interessante e vincente.

Per sopravvivenza intendiamo sia le cose *semplici* sia quelle *complesse,* tutte a beneficio dell'individuo, della famiglia c della famiglia degli amici, nonché degli altri esseri viventi: animali, vegetali, l'intero pianeta e ogni materia costruita dall'uomo. Cose che siano allo stesso tempo costruttive e condotte con integrità.

Questi concetti mi sono stati trasmessi dai miei nonni e negli ultimi anni anche da altre personalità con le quali sono cresciuto culturalmente. Penso, ad esempio, al compianto prof. Migliorati dell'Associazione Etica e al cofondatore Michele Grasso, oltre al carissimo concittadino oriundo Tommaso Chiarella. Ed è su queste basi che conduco la mia vita e quella dei miei cari e della mia famiglia.

In che misura l'agricoltura può dare un contributo alla creazione di un nuovo Stato Sociale?

É un encomiabile modo per scambiare i propri *punti di vista* che diventa una ricchezza di idee da cui tutti possono trarre beneficio. Difatti la nostra *mission* mette in risalto la promozione del territorio integrando tutte le sfaccettature e le arti presenti e originate dai nostri avi. Ciò consente una sopravvivenza interessante e vincente.

Per sopravvivenza intendiamo sia le cose *semplici* sia quelle *complesse,* tutte a beneficio dell'individuo, della famiglia e della famiglia degli amici, nonché degli altri esseri viventi: animali, vegetali, l'intero pianeta e ogni materia costruita dall'uomo. Cose che siano allo stesso tempo costruttive e condotte con integrità.

Questi concetti mi sono stati trasmessi dai miei nonni e negli ultimi anni anche da altre personalità con le quali sono cresciuto culturalmente. Penso, ad esempio, al compianto prof. Migliorati dell'Associazione Etica e al cofondatore Michele Grasso, oltre al carissimo concittadino oriundo Tommaso Chiarella. Ed è su queste basi che conduco la mia vita e quella dei miei cari e della mia famiglia.

In che misura l'agricoltura può dare un contributo alla creazione di un nuovo Stato Sociale?

L'agricoltura è il fenomeno di base su cui si reggono tutti gli altri sistemi produttivi. Dicevano mio nonno e mio padre: "Se non mangi bene non hai la salute e non hai le forze per produrre, quindi, puoi solo morire oppure diventare un'ameba (che sottrae artatamente la forza agli altri per sopravvivere) e questo non rende la persona *fiera di esistere*. L'agricoltura deve essere meglio valorizzata e riconosciuta, mentre gli addetti andrebbero meglio remunerati, perché senza i prodotti della terra nutrienti e sani la vita cessa di stare nel corpo.

Quale potrebbe essere, a suo giudizio, una proposta veramente incisiva per garantire a tutti un'alimentazione sufficiente?

Noi crediamo molto nella necessità di integrare le culture alimentari dei diversi popoli al fine di avere per tutti una sopravvivenza nutritiva ideale. Come si sa la ricchezza nutritiva della nostra terra, conosciuta come *dieta Mediterranea*, è la più completa e vasta. Il nostro intendimento è di condividere questo tipo di alimentazione con altri popoli.

Se questi popoli non sono in grado di coltivare i nostri prodotti per motivi geofisici, cercheremo di farli importare. Durante una mia recente visita a Trinidad e Tobago ho notato, ad esempio, che la loro alimentazione era ricca di spezie ma mancava dei necessari apporti nutritivi nell'ambito dei prodotti agricoli.

É nata così l'idea di avviare un'intensa stagione consultiva, con la partecipazione di universitari agrari, nutrizionisti e chef, allo scopo di analizzare approfonditamente questi aspetti e quindi consentire una nutrizione meglio orientata. Da non dimenticare, poi, che loro hanno caffè e cacao che ci mancano. Quindi ci sono tutte le condizioni per un interscambio commerciale e culturale utile a entrambi i Paesi. Quello che è certo, è che non mancano i prodotti per assicurare a tutti un piatto di minestra: si tratta solo di sconfiggere un sistema fatto da parassiti che gestiscono i mercati.

Negli ultimi anni la Regione Puglia ha registrato un grande fermento politico e sociale, soprattutto se paragonato ad altre Regioni del Centro Sud. Come spiega questo risveglio?

La Puglia rappresenta uno dei popoli più legati alla cultura del fare in prima persona e da soli. Ogni contadino lavora per l'abbondanza e non è costretto a mediare con altri. Si preoccupa solo di immettere sul mercato i propri prodotti.

Inoltre, il territorio è molto pianeggiante e ciò favorisce gli scambi celeri. Infine, l'amore per la natura ha sempre contraddistinto il pensiero filosofico greco da cui traiamo le nostre basi culturali, consentendoci di progredire più velocemente di altri popoli che, su territori più aspri e meno produttivi, incontrano maggiori difficoltà di spostamento.

Attraverso la sua associazione lei mantiene diversi rapporti anche con gli italiani all'estero. Come spiega il fatto che ci sia uno scambio così limitato di informazioni e conoscenze tra gli italiani residenti in Italia e quelli residenti all'estero che pure, considerando anche gli oriundi, ammontano a quasi sessanta milioni?

Debbo dire che questa situazione è valida soprattutto per il passato. Negli ultimi anni, grazie alle nuove tecnologia, si sono sviluppate notevolmente le interazioni e le conoscenze reciproche. É vero che in passato i tempi rallentati di comunicazione e la graduale perdita della conoscenza della lingua italiana da parte degli italiani residenti all'estero hanno rappresentato dei seri ostacoli.

Ma per fortuna le cose stanno cambiando velocemente: non solo la telematica ma anche la ripresa di un interesse per la lingua italiana e una maggiore conoscenza delle lingue estere da parte degli italiani residenti in Italia, consentono un progressivo e crescente sviluppo dei rapporti tra le diverse realtà.

Intervista a **Mauro Moscati**

(Informatico)

Punto Continenti – 26 novembre 2015

ABILE 2.0 APRE GLI OCCHI AI VEDENTI

Negli ultimi tempi la stampa si è occupata più volte dei 'finti' ciechi. E ha fatto bene. Tuttavia, sarebbe auspicabile che la stessa stampa si occupasse ugualmente anche dei numerosi problemi dei 'veri' non vedenti. In uno Stato Sociale moderno, infatti, queste persone meriterebbero sicuramente un'attenzione speciale, anche sul piano dell'assistenza che può fornire la tecnologia. Ed è questo che ha messo in evidenza Mauro Moscati con il suo mediometraggio 'Abile2.O'.

Nato in provincia di Milano nel 1978, Moscati ha frequentato le scuole elementari e medie (integrate per bambini ipo/non-vedenti e normovedenti) a Milano, le superiori a Rho e ora studia Ingegneria Informatica al Politecnico di Milano. Informatico fino al midollo Moscati ha iniziato a "studiare" la programmazione fin dalle elementari e nonostante abbia il problema della vista ha sempre creduto nella "forza" delle arti multimediali.

Negli ultimi anni ha scritto alcuni racconti (alcuni autopubblicati) e viaggiato 'da solo, sviluppando diversi siti Internet. Ma sentiamo come si è sviluppata questa sua ultima esperienza.

Come è nata l'idea di realizzare il mediometraggio?

Il concepimento di "Abile 2.0" è piuttosto anomalo. Un anno e mezzo fa circa mi trovavo in un negozio di informatica di un centro commerciale che frequento ormai da anni e parlando con alcuni impiegati ho raccontato loro di un documentario amatoriale che avevo realizzato una decina di anni or sono e, prima di uscire dal negozio, mi hanno proposto di produrre un video (usando i loro applicativi) così da poterne proiettare alcuni minuti all'interno di un evento che si sarebbe tenuto nel loro negozio.

L'idea mi piaceva; avevo già prodotto un documentario, un videoclip e alcuni reportage ma nulla di troppo impegnativo anche perché non ho alle mie spalle una struttura produttiva e il mio problema di vista mi ha sempre imposto un profilo 'basso' (tutto quello che so sulla produzione foto/cinematografica l'ho appreso da autodidatta grazie al web e ad alcuni corsi a fascicoli). Uscito dal negozio avevo quindi la scusa per realizzare un film 'organico' con una trama e dei personaggi; avevo il pretesto per produrre qualcosa. Il problema era cosa produrre.

Per trovare la storia da raccontare mi sono rivolto ai miei amici e ho chiesto loro di proporre un soggetto. Alla fine ho scelto ben tre temi proposti: giornalismo e finti ciechi; in che modo la tecnologia può facilitare la vita ai ciechi; la tecnologia studiata per i ciechi come ausilio anche per i normovedenti.

Cosa racconta il filmato?

'Abile 2.0' racconta una storia inventata che parte però da alcuni spunti reali. Il tema principale è quello relativo al giornalismo e ai finti ciechi. Anni fa ero a cena con Egle Clivio, co-sceneggiatrice e collaboratrice a vario titolo alla produzione del film, quando le raccontai del malessere che provavo ogni qualvolta leggevo o sentivo certi articoli relativi ai finti ciechi (una piaga del nostro Stato) nei quali venivano (e purtroppo vengono tutt'ora) descritte alcune azioni compiute da tali soggetti e nel farlo si lasciava intendere che tali azioni non possono essere compiute da una persona che abbia realmente dei seri problemi di vista.

Il mio sfogo la colpì e tornata a casa fece una ricerca online, una mezz'ora più tardi mi scrisse un messaggio nel quale concordava pienamente con me. Sia ben chiaro: io non ce l'ho coi giornalisti che producono articoli sui finti ciechi, piuttosto su come vengono presentati certi casi. Basta fare una ricerca online per trovare articoli che contengono, a volte anche nel titolo, frasi del tipo "finto cieco giocava al lotto", "finto cieco attraversava la strada", "finto cieco scendeva le scale" o, la mia preferita, "finto cieco beveva al bar". Sia ben chiaro: se una persona dichiarata cieca è in grado di compilare da sola e senza ausili la schedina del lotto ci vede più di quel che dovrebbe ma se entra in una ricevitoria e dice alla cassiera quali numeri segnare sulla schedina non sta forse giocando al lotto?

Personalmente attraverso decine di strade ogni settimana, certo, ho fatto un corso, uso un bastone bianco per gli ostacoli e mi aiuto con i rumori del traffico ma ciò non significa che io ci veda.

Partendo da queste riflessioni abbiamo sviluppato la storia principale: una giovane neolaureata è in cerca di un lavoro stabile come giornalista, in seguito all'ennesimo rifiuto decide di provare con un sito web che però richiede la presentazione di un articolo da parte del candidato; alla ricerca di una storia da raccontare inizia a pedinare un ragazzo all'apparenza non vedente i cui atteggiamenti appaiono però equivoci; incuriosita decide di avvicinarlo e di chiedergli un'intervista durante la quale lui le racconta alcuni aspetti della sua vita ed il suo rapporto con la tecnologia.

Come pensate di divulgarlo?

La divulgazione/distribuzione è, purtroppo, un problema ancora in sospeso. Di sicuro ci piacerebbe presentarlo a qualche festival e quasi sicuramente lo pubblicheremo online. Per il resto ogni opzione è aperta: trasmissioni televisive, pubbliche proiezioni, distribuzione tramite DVD.

Quali sono i suoi progetti futuri?

Per quel che mi riguarda il prossimo traguardo sarà l'esame di Elettronica, del resto mi mancano sei esami per la laurea magistrale in Ingegneria Informatica mentre per la carriera nel mondo del cinema ... beh, vedremo.

Intervista a **Antonio Nicolosi**

(Tenore di strada)

Punto Continenti – 11 febbraio 2016

UN ACUTO PER LA LIBERTÀ DI CANTARE

Alle porte del Pantheon di Roma, dove riposano grandi personaggi della storia e della cultura italiana, da Vittorio Emanuele II di Savoia (padre della Patria) al divino pittore Raffaello Sanzio e al grande compositore barocco Arcangelo Corelli, risuona la voce di uno dei più famosi artisti di strada della Capitale: il tenore Antonio Nicolosi. Quasi ogni pomeriggio, verso le 16, appena Nicolosi emette le sue prime note, immediatamente una folla di turisti, visitatori e anche appassionati della lirica si sistema in cerchio per ascoltarlo. E alla fine di ogni esibizione nel suo cappellino fioccano monete di ogni continente. Ma in questo momento a Roma per Nicolosi, come per tutti gli artisti di strada, tira una brutta aria. Ce lo spiega lui stesso in quest'intervista.

Qual è il problema?

Che sta diventando sempre più difficile cantare. Veniamo continuamente bloccati dai vigili ma io non c'è l'ho con loro: anzi, spesso vedo che sono profondamente imbarazzati ed eseguono gli ordini con gentilezza e comprensione. Il problema è a monte: c'è un tentativo generalizzato di togliere dalle strade di Roma tutti coloro che si esibiscono, dai gladiatori ai funamboli, dai suonatori ai cantanti.

Ma come viene regolamentata questa materia in Italia?

Dopo che nel 2001 è stato abrogato l'articolo 121 del TULPS, il Testo Unico della Legge sulla Pubblica Sicurezza, praticamente ogni Comune si regola come crede.

Insomma, è un vero caos. Quindi abbiamo città dove tutto è vietato e città come Milano dove dal 2012 vige una regolamentazione considerata da una ricerca internazionale tra le migliore nel mondo. In pratica sono stati fissati 250 luoghi dove si possono esibire a rotazione gli artisti con l'unico impegno di registrare il proprio nome in una piattaforma online.

Lei sarebbe favorevole alla creazione di un Albo di artisti autorizzati a esibirsi nelle pubbliche piazze?

Io sono uno spirito libero e quando sento parlare di Albo francamente mi vengono i brividi. In Italia, purtroppo, Albo spesso fa rima con autorizzazioni arbitrarie, raccomandazioni, segnalazioni degli amici, ecc. ecc. La mia riflessione è semplice: se esiste la libertà di parola, tutelata dalla Costituzione, allora deve esistere anche la libertà di suonare e cantare.

Una libertà che viene ampiamente concessa negli Stati Uniti e in quasi tutti i Paesi europei. Vorrei, poi, ricordare che io mi esibisco davanti al Pantheon, uno dei grandi simboli dell'Antica Roma: ebbene, già nelle leggi delle XII Tavole, impresse quattro secoli prima di Cristo, veniva concessa la libertà d'espressione artistica per le strade e nelle piazze, purché non si facesse delle parodie nei confronti di qualcuno.

Come vede qualche regola ci vuole?

Ma certo, però debbono essere regole, diciamo così, limitate agli aspetti tecnici. Vanno, cioè, rispettati alcuni orari, il volume non deve essere troppo forte, non bisogna intralciare il traffico o gli spostamenti pedonali. Poi sarà la gente a giudicare con le proprie offerte se quell'artista, o presunto tale, è meritevole o meno di esibirsi.

Com'è la vita di un artista di strada?

É una vita fatta di libertà, di poche sicurezze ma anche di grandi emozioni. Non a caso alcuni dei più grandi artisti come la rockstar Sting, il cantautore Bruce Springsteen, il grande violinista americano Joshua Bell, il cantante John Bon Jovi o il nostro Biagio Antonacci, hanno voluto almeno per una volta assaporare il brivido di cantare per strada. Personalmente, se mi lasciano lavorare, sono felice della mia scelta che, tra l'altro, mi consente di condurre in piena libertà una vita sufficientemente decorosa.

Ecco, per concludere, ci racconti un po' la sua storia.

Sono nato a Catania, città dell'indimenticabile tenore Giuseppe Di Stefano. Da ragazzo ho cominciato a cantare soprattutto nella mia città e poi ad Agrigento. Nel 2002 mi sono trasferito Weimar in Germania, insieme a una grande fisioterapista tedesca della quale mi ero follemente innamorato.

Per tre anni ho avuto modo di lavorare in quel Paese come animatore e cantante. Poi, d'improvviso, mi è venuto una forte nostalgia per l'Italia, soprattutto per Roma, città che amo profondamente. Quindi sono tornato insieme a lei. Purtroppo, per una serie di motivi, dopo un anno ci siamo lasciati e lei è tornata in Germania. Da romantico siciliano ho sofferto moltissimo, tant'è vero che non mi sono mai sposato.

Sul piano professionale posso dire che ho visitato e ho fatto esperienze in diversi Paesi, tra cui gli Stati Uniti e l'Australia dove ho partecipato a importanti concerti. Inoltre ho avuto la fortuna di conoscere importanti maestri e personalità del mondo della lirica, tra cui il Maestro Filippo Sapienza, il Maestro Carlo Bergonzi, Il

Maestro Nazzareno Antinori, nonché Alberto del Monaco, fratello del grande Mario.

Certo, non posso negarlo, mi piacerebbe tanto cantare un giorno anche in un importante teatro italiano. Pazienza. Mi consolo nel pensare che il mio palcoscenico abituale, piazza del Pantheon a Roma, è uno dei più belli del mondo. E non mi manca certo l'affetto della gente e dei turisti che spesso chiedono il mio indirizzo per poi scrivermi dopo essere tornati a casa.

Articolo di **Domenica Pace**

(Scrittrice)

Punto Continenti – 18 aprile 2017

UNA GUIDA ALLA BENEFICENZA

Alla giovane scrittrice pugliese Domenica Pace abbiamo chiesto di illustrarci le ragioni che l'hanno portata a scrivere il libro "Le Opere di Beneficenza e le Comunità". Le sue riflessioni rappresentano un interessante contributo alla creazione di un nuovo Stato Sociale.

Quello che mi ha spinto inizialmente a scrivere il libro *Le Opere di Beneficenza e le Comunità* è stata soprattutto la curiosità di sapere qualcosa in più in merito al vasto mondo della beneficenza. Un mondo verso il quale mi sono sempre sentita attratta anche se, come tante altre persone, ho sempre nutrito dei dubbi, delle incertezze e perplessità.

Più volte, infatti, mi sono chiesto: Dove vanno a finire realmente le nostre donazioni? Di chi possiamo veramente fidarci? Come facciamo a distinguere le associazioni serie da quelle che invece se ne approfittano della nostra ingenuità e predisposizione ad aiutare il prossimo?

Ed è stato così che nell' esaminare il significato più profondo del concetto di beneficenza gradualmente il libro ha assunto il suo carattere di *Guida* per le persone sensibili alla necessità di migliorare le condizioni del prossimo ma che non vogliono alimentare una catena affaristica o addirittura di malaffare che purtroppo circonda la beneficenza.

Strutturalmente il testo è stato suddiviso in quattro capitoli, partendo proprio dalla storia della beneficenza (sempre da lì bisogna cominciare) per poi addentrarsi nell'approccio legislativo e filosofico. In questa ricerca ho cercato di 'sapere qualcosa in più' su come si muovono, ad esempio, grandi istituzioni come la Chiesa di Roma che, attraverso la Caritas italiana, manda i suoi aiuti internazionali, creando un collegamento con altre Caritas nazionali.

Articolo di **Piera Principe**

(Danzatrice e coreografa)

Punto Continenti – 30 gennaio 2017

PER UN TEATRO DELLA NON DIVERSITÀ

*Abbiamo deciso di pubblicare la Carta d'intenti della danzatrice e coreografa **Piera Principe** nella piena convinzione che la cultura spesso rappresenta il miglior cavallo di battaglia per affrontare e riuscire ad affermare l'importanza di creare un nuovo e forte Stato Sociale, sia in Italia che all'estero. Dopo che è stata vittima di un gravissimo incidente automobilistico la Principe si è dedicata con tutte le forze alla ricerca artistica, creando un nuovo metodo di danza terapia chiamato "La memoria poetica del Corpo". Inoltre. è autrice dell'interessante volume, che poi è un libro-diario, "La Zattera di Nessuno. Diario di una danzatrice tra abilità e disabilità".*

A partire dal 1994 la Principe ha iniziato un intenso lavoro di gruppo con persone disabili, educatori, formatori, attori e ballerini. Inoltre ha esplorato il limite come completamento indispensabile della verità del corpo e del suo movimento. Attualmente svolge attività di danzatrice nella compagnia Sosta Palmizi diretta da Raffaella Giordano. Per la cronaca, è stata anche docente di Area Motoria presso l'Università Bicocca. Dopo gli anni di formazione iniziati in Italia la Principe si è perfezionata a Parigi, New York e Boston. La sua promettente attività professionale si è arrestata bruscamente nel 1985 a causa di un gravissimo incidente stradale.

     Radio e TV a un bivio

Dopo due anni di immobilità totale, è tornata in palcoscenico con una rinnovata forza interiore dedicandosi alla ricerca artistica in particolare al 'limite' come 'diversa-opportunità' che traduce in poesie gestuali, installazioni e performances di grande intensità. Ha creato il metodo di danza terapia "La memoria poetica del Corpo" e il laboratorio permanente per viaggiatori abili e disabili: "La Zattera di Nessuno", oggetto di quattro tesi di laurea in differenti poli universitari. Con il suo metodo, stupisce tutti e tre anni dopo l'incidente, realizza l'assolo "Riservato" vincendo il premio Nuove Proposte a Vignale Danza, uno dei più prestigiosi festival di danza nazionale.

Dal '94, con persone disabili, educatori, formatori, attori e ballerini, ha esplorato il limite come completamento indispensabile della verità del corpo e del suo movimento e quindi aiutando la sua rivelazione, non la negazione. Dal 1999 al 2010 è danzatrice nella compagnia Sosta Palmizi diretta da Raffaella Giordano. È stata docente di Area Motoria presso l'Università Bicocca. Nel settembre 2013 ha pubblicato il libro-diario "La Zattera di Nessuno. Diario di una danzatrice tra abilità e disabilità".

Questa carta di intenti vuole essere un appello pubblico da sottoscrivere per fare in modo che lo studio del teatro e del teatro danza sia accessibile in tutte le Accademie e le Scuole Nazionali, anche a giovani con disabilità. L'arte della narrazione, della rappresentazione teatrale come pure la poesia gestuale nella danza, germogliano da un talento a volte non evidente, che necessita di essere riconosciuto, educato, perfezionato per poter giungere ad essere Arte.

A questo servono le scuole. Perché dunque non aprirle anche a chi è portatore di disabilità? Chiedo alle Accademie e alle Scuole di teatro e di danza di rivedere i criteri di idoneità al fine di far interagire allievi abili e allievi disabili negli stessi percorsi di formazione. Scelti tutti indistintamente, per merito, dal corpo docente, senza nessuna concessione. Tutti gli allievi, insieme, sosterrebbero gli stessi obiettivi, supererebbero le stesse selezioni. Una vicinanza che farebbe scoprire la diversità come risorsa, favorendo così la stima reciproca. Una formazione adeguata motiverebbe a pieno diritto l'inserimento di attori e danzatori disabili nelle produzioni teatrali.

Partecipazioni ottenute per merito, curriculum e professionalità e quindi retribuite con gli stessi parametri, così come avviene per tutti gli attori o danzatori professionisti. Con questa carta di intenti si cerca di stimolare registi e coreografi a inserire nelle produzioni teatrali non "persone" con disabilità, ma "attori e danzatori" con disabilità, cioè allievi formati nelle Accademie e nelle Scuole nazionali che si siano formati come tutti gli altri durante i tre, quattro anni canonici di studio. La potenza scenica di attori e danzatori con disabilità ha un impatto forte sul pubblico, lo sappiamo bene, proprio per questo abbiamo la responsabilità di impedire che questa disabilità venga "usata" in forme distorte.

Se il corpo è il medium dell'arte scenica, con la sua forma, la sua agilità, la sua voce, anche i suoi limiti, se guardati meglio, da vicino, senza preclusioni, non sono un vuoto o una mancanza, sono solo un terreno d'altra natura, tutto da esplorare. Stupefacente per poesia e grazia. Per questo occorre mobilitarsi, intanto chiedendo adesioni a questa carta di intenti, sottoscrivendone i contenuti, amplificandone il messaggio e promuovendola in tutte le sedi deputate. Abbiamo il coraggio di metterci in discussione, ammettere che è tempo che il Teatro torni ad essere impegnato nelle sfide sociali che da sempre lo attraversano e lo sostanziano? Cosa cerca il Teatro se non questo? Ci sono atti politici silenziosi che possono cambiare la sostanza delle cose, occorre solo crederci.

Intervista a **Barbara Riccardi**

(Insegnante)

Punto Continenti – 23 dicembre 2015

ITALIANA PER IL 'NOBEL' DEGLI INSEGNANTI

Romana, insegnante presso l'Isitituto Frignani di Spinaceto a Roma, Barbara Riccardi è la sola italiana finalista al Global Teacher Prize, considerato ormai l'Oscar dell'insegnamento. Per questa seconda edizione (quella precedente è stata vinta dall'americana Nancie Atwell) sono stati selezionati in 'incognito'

50 insegnanti su 8 mila candidati provenienti da quasi tutti i Paesi del Mondo.

La scelta finale avverrà nel prossimo mese di marzo a Dubai quando verrà eletto il migliore insegnante del mondo e che riceverà come Premio la bellezza di un milione di dollari.

Ideato Sunny Varkey, fondatore della Varkey Gems Foundation e sostenuto dall'Unesco, il premio, giunto alla sua seconda edizione, viene patrocinato dalla Gems Education, colosso dell'istruzione privata con sede a Dubai, con uffici in dieci Nazioni, dagli Usa a Singapore, e scuole frequentate da 150mila studenti. A consegnare il Global Teacher Prize sarà in persona lo sceicco Mohammed bin Rashid Al Maktoum, attuale Vice Presidente e Primo Ministro degli Emirati Arabi Uniti, nonché emiro di Dubai.

Da registrare che a questa iniziativa partecipano personalità internazionali come l'ex Presidente USA Bill Clinton, l'attore Kevin Spacey, il filosofo David Rodin o l'imprenditrice Martha Lane Fox (fondatrice di Lastminute.com). Ma cerchiamo di sapere qualcosa di più di questa candidata italiana, ricordando che nella passata edizione sono stati selezionati per l'Italia Daniela Boscolo di Rovigo e Daniele Mani di Lecce.

A cosa attribuisce il merito della sua nomina?

Sinceramente non so chi mi abbia proposto e per quali meriti. A rileggere successivamente il regolamento del Premio ho capito che vengono premiati gli insegnanti che s'impegnano oltre il normale lavoro con iniziative originali e particolarmente utili ai ragazzi. Questo mi fa credere che sono state apprezzate alcune mie iniziative come, ad esempio, la collaborazione alla rivista on line 'La scuola possibile', l'avvio di un TG della scuola, di un orto didattico con i nonni insieme alla Protezione civile, nonché alcuni gemellaggi e interscambi con scuole francesi e del Kenya.

Mi sono anche molto impegnata nella creazione di reti tra la scuola e le istituzioni territoriali. Infine, voglio ricordare l'iniziativa, alla quale ci tengo particolarmente, realizzata con l'Ospedale IFO di Roma che consente ai bambini ammalati di assistere alle nostre lezioni in collegamento Skype.

Tutta quest'attività ha già avuto dei riconoscimenti in Italia?

A dire la verità Si. Il più prestigioso riguarda la Medaglia al merito e il Cavalierato che mi è stata consegnata dalla Presidenza della Repubblica nel 2012. In quella circostanza venne premiata l'iniziativa di creare dei campi estivi per bambini alla periferia di Roma.

Quindi per lei l'insegnamento è quasi una missione?

Diciamo che è un impegno sociale e formativo. Oggi si parla molto di rilanciare lo Stato sociale in tutti i Paesi. Ebbene, se veramente vogliamo migliorare le condizioni delle persone occorre necessariamente partire dalla scuola e dalla capacità dei Presidi di saper cogliere le occasioni e di coinvolgere tutte le persone che operano nella scuola.

Parole come integrazione, solidarietà, spirito umano sono certamente delle belle parole che, tuttavia, per diventare realtà hanno assolutamente bisogno di essere imparate in famiglia e rinforzate a scuola: ecco, in questo senso possiamo dire che l'insegnamento rappresenta una vera missione sociale e di rispetto delle diversità come fonte di arricchimento, sotto ogni punto di vista.

D'accordo, ma un milione di dollari sono un milione di dollari. Se dovesse vincere il primo premio come pensa di spenderli?

Tranquillo, non scapperei mai in qualche località turistica. Amando profondamente la vita faccio ogni cosa con passione e, quindi, anche il mio lavoro. Sono tantissime le iniziative da realizzare. Penso ad esempio, alla creazione di ambienti polivalenti dove fare formazione a tutti i livelli, coinvolgendo i principali attori che ruotano interno al mondo sella scuola (ragazzi, insegnanti, genitori, ecc.), a garanzia di un ambiente educativo di qualità.

In questo modo il mondo adulto diventa competitivo e al passo con i tempi della società di oggi che ha i ragazzi come protagonisti. Comunque, inutile in questa fase fare progetti, prima cerchiamo di vincere questo premio e poi ci pensiamo.

Una cosa, comunque, mi preme di dire: il fatto di arrivare in finale o addirittura vincere il Premio, più che premiare Barbara

Riccardi premia la scuola italiana che nonostante tutte le difficoltà economiche e organizzative rimane una delle migliori del mondo. E ciò viene reso possibile perché la maggioranza degli 800 mila insegnanti italiani, quasi sempre con stipendi molto limitati, dedica la maggior parte delle loro giornate all'insegnamento e ai rapporti con i ragazzi, senza tenere conto del tempo che scorre.

Intervista a **Tony Riggi**

(Cantautore e poliziotto)

Punto Continenti – 27 gennaio 2017

A SANREMO IL 'SOCIALE' NON È DICASA?

Chi vi scrive confessa subito di non essere un esperto di musica leggera e di essere consapevole che di norma chiunque rimanga escluso da una competizione si senta in qualche modo ingiustamente danneggiato. Tuttavia ci sono alcune esclusioni che fanno comunque riflettere. É il caso di Tony Riggi, cantautore e poliziotto, che è stato escluso dalla prossima edizione del festival di Sanremo. Ma chi è Riggi?

Nato a Velletri e residente a Latina (entrambe città del Lazio), per vivere Riggi fa il poliziotto (e già questo sarebbe una bella novità mediatica al Festival) e non è certamente il cantante della domenica. Anzi, è cresciuto in un'autentica famiglia di artisti, ha composto numerose canzoni e ha ricevuto anche diversi premi sia in Italia che all'estero, tra cui il Premio Discografia e il premio Giustizia sociale al Cantagiro 2016.

Inoltre, è arrivato secondo al The voice of the world di Malta. Oltre a scrivere (secondo molti esperti) una musica accattivante, Riggi si è distinto soprattutto per suoi testi impegnativi e a forte contenuto sociale. E qui nasce il problema.

Secondo il cantautore la sua iscrizione, protocollata con il numero 54, sarebbe stata bocciata dal conduttore del Festival Carlo Conti proprio perché raccontava una tematica umana e sociale riguardante un rappresentante delle forze dell'ordine. "Certo", spiega Riggi, "non me lo ha detto in faccia, ma persone che gravitano intorno al Festival mi hanno fatto capire chiaramente che non era il caso di portare a Sanremo una canzone che, per quanto bella, non rientrava nello spirito del Festival".

Tradotto in italiano

Che questo genere di testo non tira discograficamente e rende pesante l'atmosfera. In parole povere, se non scrivi che 'amore' fa rima con 'cuore' rischi di diventare un elemento di disturbo.

Ma non potrebbe essere che la vera ragione di questa esclusione sia il fatto che sei un poliziotto?

Guardi che non faccio niente di nascosto. La mia lunga attività di cantautore è ben conosciuta dai colleghi e dai superiori che, anzi, mi hanno incoraggiato e visto nella mia attività un modo di avvicinare la gente alle problematiche umane della polizia.

Le risulta che il suo sia un caso isolato o anche altri cantanti impegnati hanno avuto problemi?

Io partecipo anche a un'altra manifestazione che si chiama la *Milano Sanremo della canzone italiana* promossa dalla REA (Radiotelevisioni Europee Associate). Ebbene, questa manifestazione privilegia solo i testi a forte contenuto umano e sociale. Ebbene, non mi risulta che qualcuno dei miei colleghi sia riuscito negli ultimi anni ad andare a Sanremo portando un testo impegnativo.

Ma forse è vero che i testi un po' *pesanti* non rendono discograficamente?

A parte che non è così e poi perché non approfittare di una grande vetrina internazionale per richiamare l'attenzione su alcune grandi tematiche sociali? Una volta le canzoni impegnate trovavano il loro spazio a Sanremo. Oggi, forse sull'onda di una dilagante superficialità, bisogna sempre creare un artificiale clima di allegria. Peccato.

Ma aldilà della sua bocciatura cosa lei pensa di Sanremo nel suo insieme?

Non so se sia arrivato il momento di cambiare radicalmente la sua formula o se sarebbe meglio incentivare la nascita di manifestazioni alternative, possibilmente anche in qualche altra città. So che la REA, ad esempio, propone di trasferire o di creare una nuova manifestazione a Milano. Mi sembra un'idea giusta, soprattutto per tre motivi: la *prima* perché Milano rimane obiettivamente la capitale europea della musica classica e leggera; *secondo* perché le strutture organizzative, logistiche e alberghiere di Sanremo sono ormai del tutto inadatte; *terzo*, infine, perché alcune strutture dell'Expo di Milano potrebbero ospitare benissimo una manifestazione musicale italiana a livello mondiale.

Articolo di **Daniela Rubino**

(Redattrice de Il Corriere Nazionale)

Punto Continenti – 22 maggio 2017

TARANTO E LE OCCASIONI SPRECATE

Riceviamo e volentieri pubblichiamo l'articolo inviatoci da Taranto da Daniela Rubino, molto impegnata nel sociale con scritti e indagini sul degrado delle città. Il testo si sofferma sul noto **Piano Blandino** *(dal nome dell'architetto autore dell'unico grande progetto di restauro della città vecchia) e dal* **PIC Urban II**: *un modello di sviluppo europeo per la riqualificazione delle aree degradate.*

In pratica, attraverso il Fondo Europeo di Sviluppo Regionale (FESR) è possibile ottenere un finanziamento fino al 75% del costo totale di un programma se la zona urbana è situata in una Regione in ritardo di sviluppo (obiettivo 1) e fino al 50% altrove. Il contributo si colloca tra i 3,5 e i 15 milioni di euro. Purtroppo, come spesso accade in Italia, per entrambi i progetti a Taranto si è parlato molto ma concluso poco, anzi, quasi niente.

Nell'ambito del progetto REA (Radiotelevisioni Europee Associate) di sensibilizzazione dell'opinione pubblica sull'assoluta necessità di rivitalizzare lo Stato Sociale, il risanamento delle aree degradate rappresenta sicuramente un obiettivo di primaria importanze. Ecco perché abbiamo ritenuto di grande interesse la pubblicazione dell'articolo della Rubino.

Dubbi e riserve. Dal piano Blandino al PIC Urban II: due occasioni perdute per la Città Vecchia di Taranto mentre Grottaglie supera il capoluogo ionico! I tentativi di pianificazione e progettazione territoriale del Borgo antico, attuati dalle varie amministrazioni che si sono alternate da circa trent'anni ad oggi, sembrerebbero naufragati.

La 'rendicontazione' sugli investimenti nelle 'aree bersaglio' richiesta dal Ministero delle Infrastrutture e dei Trasporti alla conclusione del *Programma di Iniziativa Comunitaria Urban II Italia 2000 – 2006, Comune di Taranto*, rientra tra gli aspetti di ragioneria/ingegneria finanziaria interpretabili come, e in quanto, impatti dello sviluppo urbano, che confermano dubbi e riserve sui risultati finali raggiunti.

Inoltre, alcuni tra gli interventi a progetti finanziati con specifico riferimento a Palazzo Carducci, Palazzo Troilo e Teatro Fusco, dovevano essere completati e rendicontati entro e non oltre il 2015, per evitare la restituzione alla *Commissione Europea* degli importi pari a circa 6 milioni di euro.

Mancato percorso innovativo. Pur apprezzando gli aspetti positivi acquisiti quali l'innalzamento delle condizioni e della qualità della vita e l'attivazione di forme innovative nel trattamento dei problemi pubblici e nel cambiamento delle politiche di gestione territoriale, restano fortemente condizionati i due più importanti pilastri che il Pic Urban II avrebbe dovuto assicurare: la competitività economica e la coesione sociale, da perseguire come linee di forza per lo sviluppo sostenibile delle aree interessate dal programma comunitario.

Ciò rilevato, le concrete iniziative che con lo strumento URBAN avrebbero dovuto attivare un 'percorso innovativo' si presentano notevolmente ridimensionate, tanto che gli stessi benefici indotti sono stati percepiti come rilievi epidermici quando confrontati con i più profondi problemi strutturali, ancora oggi indicatori di una situazione locale meglio inquadrabile come 'caso nazionale' soprattutto per quanto riguarda la 'questione ambientale'.

Progetto risalente al 1973. Andando indietro nel tempo, il piano Blandino per il risanamento della Città Vecchia, approvato dalla *Regione Puglia nel 1973*, che prevedeva un modello urbanistico di recupero conservativo del patrimonio e di integrazione sociale, era ed è tuttora considerato all'avanguardia a livello internazionale tanto da indurre il Comune di Taranto a ritornare alle progettualità esistenti sviluppate e mai concretizzate attraverso una proposta da presentare al Ministero dei Beni Culturali.

Il Comune, però, si dovrà attenere al Decreto Taranto del 24 dicembre 2014 emanato dal Ministro dell'ambiente e della tutela del territorio e del mare e del Ministro dei beni e delle attività culturali, di concerto con il Ministro dell'economia e delle finanze che così in esordio giustamente recita: "Il capoluogo jonico si ritrova al centro delle attenzioni nazionali ed europee".

La grande sfida. Per queste motivazioni il decreto-legge auspica una inversione di tendenza verso la concretizzazione di programmi che inneschino processi di sviluppo in grado di favorire quella tanto auspicata diversificazione produttiva offrendo al territorio occasioni come *"una fabbrica ecocompatibile, un porto strategico per l'Italia e l'Europa, un Arsenale strategico con il patto Marina Militare-privati, un centro storico e un polo museale unici al mondo, una storia, quella della Magna Grecia, che ritrova in Taranto il suo fulcro"*.

Ecco la sfida che deve cogliere la comunità. Ma gli ostacoli oggettivi che i tecnici dei vari assessorati alla Città Vecchia (Urbanistica, Lavori Pubblici e Patrimonio) dovranno affrontare per il caso Taranto, pur rispolverando progetti depositati in un cassetto, sono sempre gli stessi, tra cui la mancanza di fondi e la parcellizzazione della proprietà privata.

Meglio Grottaglie. Nel frattempo Grottaglie, un comune della provincia di Taranto, ha partecipato al Bando pubblicato il 26/08/2015 per un finanziamento di *382.348,99* euro, relativo al *Programma di Recupero e Razionalizzazione degli immobili e degli alloggi di edilizia residenziale pubblica*, anch'esso chiuso in un cassetto, individuando nove immobili nel Centro Storico da assegnare come alloggi di edilizia residenziale, piano redatto dal Prof. Pierluigi Cervellati, in sintonia con il Quartiere delle Ceramiche, che risolverà, almeno in parte, il problema abitativo di molte famiglie. Dunque in primo piano da sempre è il tema dell'integrazione sociale, e più specificatamente la necessità di ripartire 'dal basso'.

Articolo di **Mirella Santamato**

(Scrittrice)

Punto Continenti – 13 febbraio 2016

CHI È FELICE NON SI AMMALA

Abbiamo ricevuto una lettera che volentieri pubblichiamo da Mirella Santamato, scrittrice, giornalista, poeta e, soprattutto, 'Ricercatrice di Verità (come ama definirsi). Lo spunto per inviarci questa lettera, come ci ha comunicato telefonicamente, è stato il Video sulla Naturopatia realizzato con la dottoressa Myriam Spaziani, nell'ambito della serie di filmati sullo Stato Sociale curati dalla REA, l'associazione delle piccole e medie radio e televisioni. Da molti anni, infatti, la Santamato si occupa di problemi affettivi e del legame tra il benessere fisico e la salute.

Lei stessa rappresenta una dimostrazione evidente, essendo riuscita a sconfiggere con la 'forza dell'ottimismo' un pesante handicap. Tra i sui libri di successo figurano 'L'altro centesimo del Cielo', 'Io, sirena fuor d'acqua', 'La trappola invisibile', 'Texas Death Row Hotel', 'Il segreto della vita', 'L'uomo che non c'è', 'Le principesse ignoranti'.

Inoltre, è in uscita un suo libro 'rivoluzionario' sul più antico libro della nostra cultura: l'Iliade. Infine, la Santamato tiene seminari di riequilibrio tra le energie maschili e femminili e di ricerca della felicità intitolati "Come vivere felici e contenti".

Sono una scrittrice e una studiosa di quello che oggi viene definito come 'medicina alternativa', ma altro non è che una ricerca continua di ciò che ancora non sappiamo intorno alla salute sia del nostro corpo sia della nostra mente.

Ho scoperto un concetto estremamente semplice eppure non ancora così accettato: chi è felice non si ammala. Solo leggendo questa frase, il nostro corpo reagirà allargando la bocca in un sorriso. Perché? Perché il corpo è senza filtri e riconosce istintivamente la verità; e la verità è gioiosa per sua natura, perché ci rende liberi.

Purtroppo, però, noi non siamo liberi di essere felici e ci ammaliamo per questo motivo. Tutte le malattie hanno questa caratteristica in comune. Ho collaborato con moltissimi medici proprio al fine di capire le connessioni che esistono tra i nostri schemi mentali e le nostre malattie.

Questo è un campo totalmente nuovo che invito chi è medico ad approfondire con attenzione. É un dato di fatto incontestabile che chi è malato e soffre non può essere felice, ed è vero anche il contrario, cioè chi è felice non può ammalarsi. Da questo semplice assioma bisogna partire per ricostruire un tessuto mentale e sociale che è stato distrutto nei secoli e nei millenni.

La nostra medicina ufficiale si è sempre occupata di 'curare le malattie', raggiungendo a volte, egregi risultati, ma con molta meno attenzione si è occupata di 'mantenere la salute'. Io, invece, voglio invertire la rotta e aggiungere salute alla salute, in modo da ampliare la nostra forza interiore ed esteriore. Per questo motivo ho creato dei *Corsi per vivere felici e contenti*, in cui si cerca di capire l'origine delle trappole storiche e sociali che ci impediscono l'accesso alla felicità. Il primo step con cui si manifesta un malessere è il famoso *stress*. Nessuno sa bene in che cosa consista, neanche i medici, ma tutti usano questa parola fino ad abusarne. Lo *stress* è una parola inglese che significa *accento*, quindi mette semplicemente l'*accento* su quello che noi stiamo vivendo in quel momento.

In realtà è una risposta di adattamento all'ambiente che ci circonda. Se l'ambiente che ci circonda è negativo, attraverso lo stress, noi cercheremo di adattarci ad esso, aumentando il nostro malessere. Più noi siamo stressati, e più, man mano, apriamo la porta alle malattie. Se noi fossimo più consapevoli di quando suona questo campanello di allarme, potremmo intervenire con più efficacia nel cambiare le cose nella nostra vita, impedendo così alla malattia di manifestarsi. Finisco questo mio scritto con una mia breve poesia, ricordando come la poesia (ed anche ogni altra forma di arte) crei bellezza e sia, di conseguenza, terapeutica.

Rimandiamo sempre ciò che ci salverebbe,

allontanando, con mille scuse, le medicine della vita.

Non abbiamo mai tempo per essere felici,

altrimenti ci accorgeremmo

che lo siamo già.

Articolo di **Fabrizio Santori**

(Politico - Fratelli d'Italia)

Punto Continenti – 13 gennaio 2016

I PARADOSSI DELL'ODIERNO STATO SOCIALE

Nell'ambito del vasto di battito sullo Stato Sociale avviato da www.puntocontinenti.it e dall'Osservatorio sullo Stato Sociale (www.facebook.com/osservatoriostatosociale) riceviamo una riflessione dal Consigliere Regionale del Lazio, Fabrizio Santori del Gruppo Misto, che volentieri pubblichiamo.

Ad oggi il vero paradosso del nostro Stato sociale, di cui seppur con evidenti derive assistenzialistiche siamo stati da sempre orgogliosi rispetto ad altre realtà meno attente alle problematiche di assistenza e attenzione ai più deboli, è che non è nelle concrete condizioni di garantire alcuni diritti essenziali primariamente agli italiani. Il problema della preferenza nazionale nell'accesso ai servizi resta uno dei tabù che è necessario sfatare: non siamo nelle condizioni di garantire prestazioni essenziali ai nostri concittadini, non possiamo di certo pensare di poter provvedere nei confronti di cittadini stranieri.

Italiani sempre più in aumento nelle mense Caritas, che acquistano beni presso i mercativi abusivi che sorgono in centri urbani come Roma, famiglie che dormono all'interno della propria automobile sono la diretta testimonianza di quanto voglio intendere.

E si tratta di un contesto oggettivo, inconfutabile, e drammatico. Sulla questione istruzione si fatica ancora a garantire un vero principio meritocratico, che sappia primariamente aiutare gli studenti più meritevoli che si trovano in condizioni economiche sfavorevoli.

A fronte di questo abbiamo invece studenti che, pur non lavorando, impiegano anche dieci anni per ottenere una laurea, inconsapevoli che ogni anno che passa non rappresenta soltanto una retta salata a carico di mamma e papà ma anche un grave costo per la collettività che finanzia quasi il 70% delle spese sostenute dagli atenei italiani.

Il proliferare di intrusioni, aggressioni e rapine tra le mura domestiche deve incentivare il legislatore a provvedere a modifiche normative in grado di garantire maggior tutela a chi, in assenza di controlli e di interventi perentori contro la criminalità, provvede a difendere la propria incolumità, quella della propria famiglia e il proprio patrimonio.

Nessuno rivendica un Far West ma non sono più accettabili sentenze che condannano i cittadini che hanno provato a difendersi alla resa incondizionata contro aggressioni e malversazioni.

Sulla libertà di informazione? La rete ci regala bufale ma anche grandi spazi di libertà e di cronaca severa e professionale. Ma siamo ancora uno degli ultimi paesi in tema di informazione veritiera e corretta, nonostante le notizie passate sotto banco da certa Magistratura alla stampa più accreditata che condannano anche persone innocenti alla gogna mediatica.

Articolo di **Manuel Santoro**

(Convergenza Socialista)

Punto Continenti – 19 luglio 2014

L'ITALIA IN GRAN RITARDO
SUL BENESSERE DEGLI ANZIANI

Riceviamo e volentieri pubblichiamo l'articolo di Manuel Santoro, Segretario Generale del nuovo partito Convergenza Socialista sul gravissimo problema della condizione degli anziani italiani. Cambiare questa situazione significa erigere un pilastro nella costrizione di un Nuovo Stato Sociale.

Ripensare un Nuovo Stato Sociale è la nostra priorità e questo si traduce nel trovare risposte fattibili, strade percorribili che ci permettano di uscire dalla miseria diffusa e dal malessere sociale in cui ci ritroviamo e cercare di ritrovare alcune linee guida che segnino la strada verso una maggiore qualità della vita e un benessere sempre più diffuso. In questo senso, uno dei temi fondamentali da trattare riguarda cosa fare per gli anziani.

Se andassimo a leggere il rapporto 2013 del *Global Age Watch*, il cui indice ci permette di avere una idea sul grado di benessere degli anziani, scopriremmo che l'Italia si posiziona complessivamente al ventisettesimo posto, dopo l'Argentina e prima del Costa Rica. Sicuramente non siamo paragonabili alla Svezia (prima in classifica), alla Norvegia (seconda) oppure alla Germania (terza), se non per i livelli (alti) di tassazione, ma non vi è dubbio che dovremmo cercare di attuare le giuste politiche per raggiungerli.

Ma da dove parte l'Italia?

Prima di tutto, abbiamo l'Europa che ci ricorda come la spesa pensionistica sia tra le più elevate nell'Unione e per garantire la sostenibilità di lungo periodo del sistema ci consiglia sempre misure aggiuntive tra le quali un ulteriore aumento dell'età pensionabile, in particolar modo per le donne. Ma lavorare di più implica un minor godimento della propria esistenza, minor qualità della vita in età avanzata e riduzione di disponibilità di posti di lavoro per le generazioni più giovani.

Secondo, mentre l'Europa dice che le pensioni 'costano' troppo e dovremmo 'tagliarle' lavorando di più, gli anziani che non hanno nessun altro reddito e vivono con una pensione sociale sono condannati a una vita al di sotto della soglia di povertà. C'è qualcosa che non quadra.

Un Nuovo Stato Sociale è tale se persegue la massimizzazione della qualità della vita e del benessere dei cittadini, anche degli anziani. E, soprattutto, con politiche impopolari. Rivolgiamoci, allora, al giudizio espresso dal Comitato europeo dei diritti sociali del Consiglio d'Europa in cui si evidenzia come l'Italia sia un Paese in cui l'ammontare delle pensioni minime è inadeguato e non c'è alcun atto legislativo che garantisca agli anziani una qualità della vita paragonabile alle altre fasce di età della popolazione. Questo in netto contrasto con la Carta sociale europea. Un atto legislativo in questo senso lo proporremo noi.

Un esempio lampante ma di cui la politica non si occupa, forse perché troppo preoccupata dai duelli mediatici targati centrosinistra o centrodestra, è il caso siciliano. Quasi il 20% della popolazione isolana è composta da anziani. Gli anziani aumentano parallelamente all'aumento della povertà.

I pensionati siciliani che hanno raggiunto livelli di vita infimi, sotto la soglia di povertà, sono in aumento con l'82% delle pensioni comprese tra i cinquecento ed i mille euro.

Questo peggioramento delle condizioni individuali di una parte importante della popolazione italiana porta ad una distribuzione familiare del problema la quale, in una società sempre più dinamica e individualista, non sempre avviene in modo indolore. La Sicilia è lo specchio d'Italia.

Intervista a **Teresa Santulli**

(Avvocato)

Punto Continenti – 31 luglio 2014

Senza 'residenza' emarginati per sempre

L'avvocatessa Teresa Santulli s'interessa praticamente da sempre di problemi sociali. Non a caso oltre che in legge si è laureata anche in sociologia, con una tesi di legislazione sociale. Accreditata presso la Camera del Lavoro CGIL – Roma Zona Sud Ovest e Litoranea e presso l'INCA CGIL Zona Est, dal dicembre del 1996 collabora con la Cattedra di Diritto del Lavoro (già "Legislazione Sociale") del Prof. Amos Andreoni presso la facoltà di Sociologia.

Dal 1998 al 2003 ha collaborato con la Rivista Giuridica del Lavoro e della Previdenza Sociale, Edizioni EDIESSE, con pubblicazione di note a sentenza. Nel 2012 ha scritto un capitolo del testo 'La Riforma del Mercato del Lavoro' della Jovene Editore.

Dal 2013 collabora con il portale 'Diritto24' del Sole 24 ore. Attualmente esercita attività professionale presso il proprio studio in Roma in viale Angelico n. 54. Dal 2008, infine, è referente su Roma dello Sportello 'Avvocato di Strada' che offre assistenza legale gratuita ai senza fissa dimora. Ed è proprio in quest'ultima veste che l'abbiamo intervista.

Com'è nata l'associazione Avvocato di strada?

É nata a Bologna nel 2001 con l'obiettivo fondamentale di tutelare i diritti fondamentali delle persone senza dimora e favorirne il ritorno a una vita comune.

Chi vive in strada in breve tempo può accumulare varie problematiche legali che possono rappresentare un ostacolo insormontabile per chi è privo di risorse economiche e non può pagare un avvocato.

Nonostante non possiedano nulla, poiché privi di residenza anagrafica e della documentazione delle proprie storie legali i senzatetto nella maggior parte dei casi non hanno diritto neanche al gratuito patrocinio, l'istituto previsto dallo stato italiano per garantire il diritto alla difesa ai non abbienti.

L'associazione nasce quindi per colmare questa lacuna e garantire a chiunque la possibilità di far valere i propri diritti.

Chi ha diritto alla vostra assistenza?

L'Associazione è presente in 37 città italiane, dislocate sull'intero territorio nazionale. Hanno diritto alla nostra assistenza tutte le persone che vivono in strada in queste città.

Per noi non fa differenza se i nostri assistiti sono giovani o anziani, italiani o stranieri, laureati o analfabeti, se hanno un documento di identità o meno: se vivono in strada o in dormitorio possono hanno diritto alla nostra assistenza gratuita.

Che tipo di assistenza viene fornita?

Presso le nostre sedi le persone senza dimora vengono seguite in tutte le loro problematiche legali, sia da un punto di vista giudiziale e stragiudiziale.

Molto spesso i senza tetto sono vittime di soprusi che si possono risolvere facilmente con una telefonata o con una lettera di un avvocato. Se la telefonata o la lettera invece non sono sufficienti procediamo ugualmente con ricorsi o cause.

Come è possibile, ad esempio, che l'elementare e costituzionale diritto alla Residenza venga ostacolato dalla maggioranza dei Comuni italiani?

Purtroppo in Italia viviamo un paradosso. La residenza anagrafica è fondamentale perché se non si possiede questo requisito si perdono una serie di diritti civili. Non ci si può curare, non si può votare, non si ha diritto all'assistenza del servizio sociale, non si può fare domanda per una casa popolare.

La residenza è talmente importante che la legge stabilisce che ogni comune è obbligato a dare la residenza a chiunque viva nel proprio territorio.

Spesso, però, i comuni fanno orecchie da mercante, preferiscono non dare la residenza ai senza tetto perché temono di doversi accollare la responsabilità di nuove persone in difficoltà e pongono ostacoli insormontabili.

In questo caso interveniamo noi e se la situazione non si sblocca dopo una prima richiesta intentiamo una causa al comune, che non può che concludersi che con una nostra vittoria.

Quello che gli amministratori dovrebbero capire è che concedere la residenza, oltre ad essere un obbligo di legge, serve a fare in modo che le persone possano uscire dalla propria condizione di difficoltà. Se una persona è senza residenza è condannata a restare a vita nel circuito dell'assistenzialismo, mentre con la residenza le persone possono trovare un lavoro, curarsi e riprendere in mano la propria vita.

Quali sono le prime iniziative che un ipotetico nuovo Stato sociale dovrebbe intraprendere per aiutare la parte più debole della popolazione?

Le cifre fornite dalle ricerche di settore dicono che chi vive in strada difficilmente ne esce. Questo significa che lo Stato Sociale che si occupa di grave marginalità non funziona e che andrebbe ripensato. In Italia si spendono fondi per i dormitori, per i servizi sociali, per piccoli sussidi.

Forse sarebbe meglio cambiare strategia e prendere spunto dal welfare dei paesi del nord Europa, dove esiste il reddito di disoccupazione e dove a chi vive in strada vengono subito offerte una casa e reali possibilità di formazione e di reinserimento.

Punto Continenti – 13 dicembre 2016

IL CANTAUTORE CHE CREDE NEL SOCIALE

É sicuramente uno dei giovani cantautori destinati a incidere nel panorama musicale italiano. Anche perché è uno dei pochi a mostrare il necessario coraggio per affrontare argomenti forti e senza sconti ai cosiddetti gusti commerciali e popolari.

Parliamo di Alex Silipo vincitore dell'ultima edizione della 'Milano Sanremo della Canzone Italiana' (promossa dalla REA, Radiotelevisioni Europee Associate) con il brano 'Sogno le ali' dedicato alla Sla. Classe 1980, originario del piccolo Comune piemontese di Premosello-Chiovenda, Silipo vive a Villadossola a stretto confine con la Svizzera. La sua carriera artistica è iniziata nel 1991, quando vinse la prima edizione della 'Corrida antronese'. Il suo primo album 'Favola' porta la data del 2006 mentre il primo contratto discografico è stato firmato nel 2007 con la Baccano.

Da quel momento per Silipo iniziano i tour, le partecipazioni a diversi festival e le presentazioni di concorsi. Negli ultimi anni i brani di Silipo vengono regolarmente messi in ascolto dalle radio nazionali e regionali, mentre nel prossimo mese di gennaio del 2017 uscirà il suo terzo singolo. Tra i maggiori successi di Silipo figurano: Sogno le ali, L'amore (non è amore), Il tempo di un respiro, Questa vita, mi ritroverai qui, Rieccoti qua, Il sorriso che non c'è, 'Tre (pazzo di te).

Lei è uno dei pochissimi artisti che ha il coraggio di affrontare nelle sue canzoni problemi sociali concreti: tipo, le gravi sofferenze causate da malattie come Sla. Come è maturata questa sensibilità?

Ho sempre pensato che la musica, linguaggio universale, sia uno dei modi più forti per poter comunicare. Non soltanto l'amore e tutte le sue sfaccettature, ma anche argomenti delicati che possano sensibilizzare l'opinione pubblica, che spesso sente ma non ascolta.

É stato così per *Sogno le ali* e per altri brani del mio percorso discografico. Ad esempio, *Il sorriso che non c'è*, presente nel mio secondo album *Questa vita*, che parla dell'adozione e del sostegno a distanza di bimbi privati di tutto, in numerose parti del mondo, a causa della guerra o della povertà. Noi cantautori, credo, abbiamo anche un dovere morale: parlare, scrivere e cantare argomenti difficili, che possano far riflettere e, si spera, agire.

Si tratta sicuramente di una scelta coraggiosa e, probabilmente, poco commerciale. Che tipo di pubblico la segue maggiormente?

Quando ho sentito, da bimbo, dentro, che avrei voluto cantare e comunicare, l'ho fatto senza compromessi. Non ho mai pensato ad accontentare il pubblico o a seguire una moda. Certo, non è commerciale (chissà poi perché?) trattare argomenti duri. Ma se senti dentro la volontà di farlo, devi provarci. Il pubblico sembra aver apprezzato la scelta, perché sono seguito sia da ragazzi giovanissimi che da persone più mature. Una bella fortuna!

Lei ha vinto l'ultima edizione della Milano-Sanremo della musica italiana, conquistando il trofeo REA con *Sogno le ali*, brano passato in tutta Italia grazie al circuito REA *Le 100 radio*. É noto che intorno alla REA si sta raggruppando un consistente gruppo di giornalisti, scienziati, operatori sociali, studiosi, esperti, impegnati a creare un forte gruppo di pressione trasversale per la nascita in Italia di un nuovo ed efficiente Stato Sociale. Personalmente come giudica questa iniziativa?

Sono molto orgoglioso di aver trionfato alla *Milano Sanremo della canzone italiana 2016.* Credo che la REA stia davvero cercando di mettersi in gioco per cambiare la realtà dello Stato Sociale odierno, con coraggio, determinazione ed argomentazioni giuste e forti. Appoggio a pieno tutto il movimento e, spero, con la mia musica, di poter dare anch'io un piccolo contributo al cambiamento.

Molti parlano oggi di una gioventù senza grandi ideali, lontana dalla politica, disinteressata dei problemi sociali, preoccupata solo a divertirsi e senza grandi ambizioni. Dalla sua esperienza e dai suoi numerosi contatti con i giovani, ritiene che questa descrizione corrisponda al vero?

Purtroppo sì. Le nuove generazioni sono travolte dai social, che spesso utilizzano e ne abusano per sciocchezze e banalità. Certo, siamo stati tutti ragazzini e ragazzi. Si sa che è un'età talmente leggera che, spesso, tutto sembra concesso. Ma manca, a mio parere, una cosa fondamentale: l'educazione. Ed è un valore che soprattutto le famiglie dovrebbero trasmettere. Non solo: la Tv, i giornali, i politici. Le trasmissioni televisive…un esempio? I talent nazionali.

Appare tutto facile, tutto troppo semplice. Lasciamo stare i vari conflitti di interessi interni alle varie organizzazioni, ma un giovane non può e non deve poter essere nessuno il giorno prima e una star il giorno dopo. Serve lavoro, passione, sacrificio, amore per la musica, sudore. La famosa gavetta. Ecco: credo che oggi, alle nuove generazioni, appaia tutto troppo facile, in ambito musicale e non solo. Un nuovo Stato Sociale potrebbe invertire anche questa tendenza.

Quali sono i suoi progetti futuri?

Con l'inizio del nuovo anno sarò in Calabria per girare il videoclip del terzo singolo estratto dal mio nuovo album. Il 7 gennaio mi esibirò a Roma da 'Silvan'. Sempre a gennaio sarò ancora a Roma per presenziare come ospite alla tappa romana della *Milano Sanremo 2017*. A febbraio, appuntamento a Sanremo, al Casinò, dove cederò lo scettro di vincitore della passata edizione a quello della nuova. Sarà triste e bello allo stesso tempo. Nella speranza che chi vincerà la nuova edizione sia una voce di valore ed un pensiero con ideali forti e di speranza. Ed anche di libertà.

Intervista a **Giorgia Vicenti**

(Danzaterapeuta)

Punto Continenti – 13 settembre 2017

IL BENESSERE CON LA DANZATERAPIA

*Nell'ambito dell'indagine promossa dalla REA sulle possibilità di creare un nuovo Stato Sociale abbiamo intervistato **Giorgia Alma Vicenti**, una giovane danzaterapeuta italiana, disciplina che trova in Italia adeguati campi di applicazione a livello istituzionale e che sta avendo un grande successo all'estero, soprattutto in alcuni Paesi europei e nelle*

Americhe. Romana, molto determinata anche se un po' timida, dopo essersi laureata al DAMS di Roma (Università delle arti, della musica e dello spettacolo) la Vicenti ha deciso di seguire a Milano per tre anni il metodo di danzaterapia di Elena Cerruto presso la scuola Sarabanda. Inoltre, ha seguito un corso di Musicaterapia nella Globalità dei linguaggi a Roma, utile per i crediti universitari.

Questa esperienza ha inciso profondamente sulla sua vita professionale. Oltre a essere impegnata come performer, ha iniziato a svolgere un'intensa attività di danzaterapista sia in Italia che all'estero (in particolare in Grecia e Spagna), grazie anche ai contributi previsti dal programma Erasmus Plus, il nuovo programma dell'Unione europea per l'istruzione, la formazione, la gioventù e lo sport che ha sostituito e integrato il precedente programma per l'apprendimento permanente LLP (Lifelong Learning Programme).

Ma in cosa consiste esattamente la danzaterapia?

É una disciplina che affonda le sue radici nella danza moderna. Nasce e si sviluppa negli anni 40 del secolo scorso, in Europa, in Nord America e in Argentina, grazie al lavoro e alle straordinarie intuizioni di danzatrici che ricercavano nella danza un senso più pieno, profondo, in relazione all'altro e ai suoi bisogni. La danzaterapia utilizza il canale del movimento insegnandoci nuovamente a parlare il linguaggio del corpo, con una modalità accessibile a tutti. La metodologia a cui faccio riferimento è quella di Elena Cerruto, che ha unito i principi della metodologia di Maria Fux integrandoli con alcuni insegnamenti provenienti dall'Oriente, come la meditazione, lo shiatsu e la medicina tradizionale cinese, nonché il lavoro sui 5 elementi del Chorten tibetano, i quali corrispondono ad altrettante qualità motorie, espressive e relazionali.

Lei ha citato due personaggi forse non molto conosciuti dal grande pubblico. Ci può dire qualcosa in più?

Elena Cerruto è una delle più affermate danzaterapeute, nonché supervisore dell'APID, l'Associazione professionale italiana DanzaMovimentoTerapia. Inoltre, è responsabile a Milano della scuola di formazione Sarabanda e ha collaborato con numerose

---

Università come la Bicocca, la Cattolica di Milano, l'Università di Verona e di San Paolo del Brasile, nonché con la Scuola del Teatro alla Scala di Milano. Dagli anni settanta è fortemente impegnata nella diffusione della DanzaMovimentoTerapia nelle scuole, carceri e centri psichiatrici e socio educativi. Per quanto riguarda Maria Fux, parliamo di una danzatrice e scrittrice argentina che si è distinta anche come coreografa e danzaterapista. In Argentina viene riconosciuta come fondatrice di un proprio metodo di terapia.

A chi può risultare utile ricorrere alla Danzaterapia?

In assoluto può far bene a tutti. Diciamo che le applicazioni della danzaterapia sono vaste e spaziano dall'ambito clinico a quello educativo, di prevenzione e crescita personale. Nella mia esperienza ho potuto sperimentare l'efficacia di questa pratica tanto in ambiti di disagio (lavorando con persone diversamente abili in senso fisico o psichico) quanto con bambini e anche con adulti. Ogni persona è parte attiva del gruppo ed è indispensabile.

La danzaterapia richiede una disponibilità a lavorare sia dal punto di vista fisico sia interiore ed emozionale. Essa ci offre la possibilità di danzare la nostra vita, esplorare la sua intensità. Non richiede di essere esperti danzatori, ma presuppone semplicemente il desiderio e la volontà di ascoltare il proprio corpo e di affidarsi alla sua saggezza, sperimentando la possibilità di vivere le proprie emozioni attraverso il movimento, in un contesto accogliente. Da questo punto di vista, può essere utile e interessante per chiunque.

Come tutte le artiterapie, la danzaterapia aiuta moltissimo a stare meglio con se stessi, a essere più sereni e felici, a reagire positivamente alle avversità, nonché a stabilire buone relazioni sociali. Ebbene, trovare il nostro giusto equilibrio interiore rappresenta decisamente un'ottima cura per preservare la nostra salute fisica e spirituale.

Quante persone partecipano ai corsi?

I gruppi variano moltissimo, a seconda delle esigenze e circostanze. Lo stesso vale per la durata: da un breve incontro collettivo programmato nell'ambito di un fine settimana allo svolgimento di corsi che possono durare anche mesi.

Articolo di **Salvatore Viglia**

(Avvocato)

Punto Continenti – 27 dicembre 2016

SÌ ALLA CARTA DEI BISOGNI

Pubblichiamo l'articolo dell'avvocato Salvatore Viglia, direttore della testata 'Politicamente corretto' e fondatore del movimento 'Insieme per gli italiani' rivolto anche agli italiani all'estero.

L'articolo offre una soluzione al Primo Bisogno Capitale: Nutrirsi del Progetto REA per la costituzione di un nuovo Stato Sociale.

Prima ancora che un reddito di cittadinanza è necessario mettere a disposizione di chi non ha nulla, i beni di prima necessità. Di cosa ha bisogno un uomo per sopravvivere? Pasta, pane, carne, verdure, olio, frutta e acqua. Queste sono le condizioni minime affinché un essere umano possa dirsi tale.

Non si tratta di diritti. Tutti questi bisogni sono legati al semplice fatto di essere vivi. Non è possibile staccarli dalla condizione di essere vivi, di essere venuti al mondo. Quindi non possono dipendere da leggi o regolamenti.

Non si possono accordare, né si possono revocare perché non sono affatto diritti acquisiti come dicono quelli che parlano bene. I nutrizionisti diranno quali debbano essere le quantità in giusta proporzione.

Le istituzioni provvederanno a distribuire, in base a un censimento capillare dei bisognosi, tutto il necessario. In che modo?

Ad esempio, con una specie di carta magnetica. Una sorta di tessera elettronica. Come quando in tempi di guerra si accedeva a prendere il pane.

Un tot giornaliero a ciascuno dei bisognosi tanto da garantire meglio la sopravvivenza e la possibilità di riparare dalle malattie da denutrizione.

Quello che chiamano il reddito di cittadinanza, in questa ottica risulterebbe un ulteriore mezzo per inserirsi nel circuito commerciale. Addirittura un lusso in relazione alle miserrime condizioni di povertà e bisogno.

La *Carta dei bisogni* dunque è prodroma al reddito di cittadinanza il quale diventa un diritto concesso e quindi acquisito che, come tale, potrà essere revocato e dismesso se le posizioni individuali cambiano in meglio la condizione economica e sociale dei soggetti.

CONTESTO INTERNAZIONALE

Intervista ad **Alberto Aggio**

(Professore Universitario – San Paolo del Brasile)

Punto Continenti – 30 ottobre 2017

LE ELEZIONI IN BRASILE SARANNO INCANDESCENTI

Il gigante è agitato. Parliamo del Brasile, il colosso sudamericano che sta attraversando una fase di grande incertezza politica. Dopo la sospensione per impeachment della Presidente Wilma Rousseff, avvenuta il 12 maggio del 2016 (la destituzione definitiva si è materializzata il 31 agosto) con la conseguente sostituzione operata dal suo vice e attuale Presidente Michel Temer, Il Brasile è entrato in una fase di grave instabilità politica. Insieme alla Rousseff è crollato l'intero Partito dei lavoratori (PT) e il suo carismatico leader, Luiz Inacio Lula da Silva: tutti travolti da una serie di scandali ed episodi di corruzione, anche se personalmente non risulta che la Rousseff abbia intascato delle tangenti.

Eletta la prima volta nel 2011, la Rousseff era stata riconfermata nel 2014. Nell' ottobre del 2018 il Brasile tornerà a votare. Anche l'eterno Lula (già due volte Presidente), nonostante i guai giudiziari si ripresenterà: per la verità attualmente si trova in testa nei sondaggi. Tuttavia, buona parte dell'opinione pubblica brasiliana è convinta che i giochi siano ancora del tutto aperti e non è escluso che il Paese possa ripiombare in una serie di disordini molto pericolosi per il futuro e per la stabilità della Nazione. Ma sentiamo cosa ne pensa Alberto Aggio, Professore di Storia Contemporanea nello Stato di San Paolo del Brasile, autore di diversi libri (alcuni anche su Gramsci), nonché uno dei più importanti collaboratori del prestigioso giornale 'O Estado de Sao Paolo'.

Professore, c'è il rischio che il Brasile finisca come il Venezuela?

Lo escludo completamente. La sinistra è debole e divisa. Nessuna forza politica di destra o di sinistra è oggi in grado di alimentare un caos simile a quello che sta avvenendo in Venezuela. É vero che la società brasiliana presenta un elevato livello di insoddisfazione e che la crisi economica rimane sempre pesante, anche se ci sono dei segni di ripresa. Sicuramente avremo una campagna elettorale molto accesa ma tutto ciò non ha niente a che vedere con la situazione venezuelana.

Per molti anni in Europa si è parlato di una nuova sinistra nell'America Latina (Bolivia, Ecuador, Venezuela, Argentina, Brasile, Nicaragua). Crede che questo esperimento si arrivato al capolinea?

Diciamo che di tutti i Paesi da lei indicati l'unico che gode di buona salute è la Bolivia di Evo Morales. Sicuramente questo Presidente ha fatto molto per il suo popolo, sia per quanto riguarda la lotta alla povertà, sia sul piano della pacifica convivenza tra le varie 'nazionalità'. Sul piano generale è difficile dire che quell'esperimento è finito: probabilmente è destinato a entrare in una nuova fase.

Parliamo del Mercosul, il mercato che raggruppa diversi Paesi dell'America del Sud. Dopo l'uscita del Venezuela, molti hanno la sensazione che nella realtà il Mercosul non esista più. Come stanno le cose?

L'uscita del Venezuela ha un'importanza molto relativa. É vero che il Mercosul ha attraversato un lungo periodo di crisi ma la sensazione è che in questo momento i due grandi Paesi, Argentina e Brasile, siano fermamente intenzionate a rilanciare il Mercato Comune e a concludere finalmente un significativo accordo con l'Unione Europea. Direi che sono abbastanza ottimista sul futuro del Mercosul.

Secondo lei quale influenza eserciterà la nuova amministrazione americana di Donald Trump sull'America Latina e in particolare sul Brasile?

Quali siano le vere intenzioni dell'Amministrazione Trump, non solo nei riguardi dell'America Latina e del Brasile ma di tutto il mondo, credo che non sia del tutto chiaro a nessuno. Però, bisogna essere onesti, fino ad ora Trump non ha cercato di interferire pesantemente nelle questioni interne del Brasile. Speriamo che non lo faccia in futuro.

Come si presenta in questo momento la questione sociale in Brasile?

Il Paese sta faticosamente tentando di uscire da una profonda crisi economica che ha riguardato, ovviamente, non solo il Brasile ma tutto il mondo. Purtroppo abbiamo ancora tanti poveri e le disuguaglianze sociali sono profonde. In questo momenti assistiamo a una leggera ripresa che certamente non basta a sanare una serie di deficienze strutturali e ingiustizie sociali.

La questione sociale sarà sicuramente la grande protagonista delle prossime elezioni Presidenziali. A proposito della questione sociale, trovo molto interessante l'iniziativa che la REA (Radiotelevisioni Europee Associate) ha avviato in Italia allo scopo di sensibilizzare l'opinione pubblica sulla necessità di rivitalizzare lo Stato Sociale. Vedrei molto bene un'iniziativa analoga attivata da radio e televisioni brasiliane.

Cambiamo argomento. Tra Italia e Brasile le relazioni politiche ed economiche sono sempre state eccellenti. Com'è possibile che il Brasile abbia tanta difficoltà a concedere l'estradizione di Cesare Battisti, condannato per diversi omicidi commessi quando era solo un criminale comune e non un combattente estremista? In ogni caso lei pensa che verrà presto estradato?

Purtroppo il caso Battisti ha un risvolto psicologico. Molti degli esponenti politici brasiliani provengono dalla lotta armata contro la dittatura militare e quindi solidarizzano con Battisti, dimenticando, appunto, che lui è stato condannato per crimini commessi prima della *conversione politica* e che in ogni caso l'Italia non era governata da una dittatura militare ma da un Governo democratico.

Non credo che la sua estradizione sia una cosa imminente. Prima dovrà scontare la sua pena per il tentativo di esportare capitali. Tentativo che, a mio avviso, ha un po' il sapore di un trucchetto eseguito proprio per evitare l'estradizione, visto che anche il Presidente Temer si è dichiarato favorevole a questa procedura.

Per concludere, cosa ci può dire delle chiese evangeliche che in Brasile stanno giocando un ruolo politico rilevantissimo?

Obiettivamente l'influenza delle chiese evangeliche sta crescendo in maniera notevole. I suoi membri operano sul territorio e conquistano, giorno dopo giorno, un consenso sempre più diffuso. Molte persone sono preoccupate di questa ascesa. Temono che dietro ci siano grandi interessi nazionali e anche internazionali.

Probabilmente, un quinto dei membri del Congresso mantiene rapporti consolidati con gli evangelici. Personalmente, confesso, la cosa mi disturba un po'. Come mi disturba la presenza di qualsiasi lobby o gruppo consolidato che agendo all'interno delle Istituzioni cerca di condizionare le scelte politiche che debbono essere nell'interesse di tutti.

Intervista a **Katia Anedda**

(Presidente Onlus 'Prigionieri del Silenzio')

Punto Continenti – 4 novembre 2015

COME AIUTIAMO GLI ITALIANI DETENUTI ALL'ESTERO

Katia Anedda è sicuramente una donna piena di energia che ha fatto dell'impegno di assistere i detenuti italiani all'estero una missione di vita. Lo strumento utilizzato è la Onlus 'Prigionieri del Silenzio' che già dice tutto: sono oltre 3 mila gli italiani detenuti (molti dei quali innocenti) praticamente abbandonati, sia in patria che all'estero. Si tratta di un problema sociale drammatico. Per affrontarlo ci siamo rivolti direttamente a questa combattente silenziosa.

Com'è nata e come è organizzata la vostra associazione?

Prigionieri del Silenzio è stata fondata nel 2008 da persone che in qualche modo erano colpite direttamente o indirettamente da casi di detenzione all'estero. Uno dei casi principali per cui è nata l'idea di *Prigionieri del Silenzio*, è stato il caso Parlanti, un italiano ingiustamente incarcerato negli Stati Uniti a cui io ero legata sentimentalmente. L'obiettivo era di dare quell'aiuto e indicazione dettata dalla mia esperienza e da quella di altri fondatori in condizioni simili che noi non avevano avuto e che probabilmente sarebbe stata opportuna al fine di gestire meglio la nostra condizione.

I motivi che ci hanno spinto a dare vita a questa associazione, oggi Onlus, sono evidenti: gli italiani detenuti all'estero spesso, sono sottoposti a condizioni di vita lesive dei più elementari diritti dell'uomo e assolutamente non compatibili con l'obiettivo della riabilitazione a cui la pena deve essere finalizzata, mancano idonei strumenti di assistenza, con la conseguenza che sovente i detenuti all'estero non ricevono neppure le cure mediche del caso, né un'appropriata difesa legale: l'Italia, infatti, non prevede, in questi casi, l'istituto del *gratuito patrocinio* ed anche gli aiuti che possono essere concessi dai Consolati italiani sono solo facoltativi. Tutto ciò causa condizioni di detenzione veramente inique e, prima ancora, una tutela legale debole, quando non inesistente, che comporta, in taluni casi, condanne ingiuste. Senza parlare delle famiglie dei detenuti, che si trovano ad affrontare problemi immensi con le loro sole forze.

Siamo volontari che dedicano il loro tempo, quando possono e come possono. Nel direttivo dell'associazione siamo in 5 donne, (presidente, vicepresidente, segretario, due consiglieri) come prevede il nostro statuto visualizzabile sul sito internet www.prigionieridelsilenzio.com. Componenti dell'associazione sono anche tre supporter (tra cui Carlo Parlanti) con la carica di probiviro e diversi soci ordinari e onorari in giro per il mondo che, come dicevo prima ci aiutano come possono, con la divulgazione delle nostre news, con traduzioni di documentazione, collaborando ad eventuali eventi e tante altre cose.

Come si presenta il quadro dei detenuti italiani all'estero?

All'indirizzo: http://www.esteri.it/mae/it/sala_stampa/pubblicazioni/annuario_sta tistico/ possono essere visualizzati i dati aggiornati e ufficializzati dal MAE, nella pagina 162 si ritrovano tutte le informazioni dettagliate sugli italiani detenuti all'estero che al dicembre del 2014 erano 3.309 divisi come da tabella riportata.

Che tipo di assistenza fornite a questi detenuti?

Come già detto precedentemente forniamo aiuto alle famiglie indicando cosa meglio potrebbero fare e come farla, laddove è richiesto promuoviamo raccolte fondi, quando ci sono gli estremi e la necessità. Traduciamo documenti, agevoliamo i rapporti con le rappresentanze diplomatiche sul posto. Tutto quanto prevede

---

l'articolo 4 del nostro statuto reperibile al link: www.prigionieridelsilenzio.it

Come giudica l'impegno, in questo campo, delle autorità diplomatiche italiane?

É necessario ricordare che Consolati e Ambasciate, sono fatte da persone e ogni persona è diversa dall'altra. Tra gli obiettivi dei consolati è inclusa l'assistenza ai connazionali detenuti all'estero, alcuni consolati lo fanno correttamente e con grande impegno mentre altri avrebbero molto da migliorare. É pur vero che il nostro governo anziché agevolare le Ambasciate a fare sempre meglio è, invece orientato, negli ultimi anni, a togliere risorse.

Quali sono i vostri obiettivi futuri?

Il nostro obiettivo principale è continuare a fare sempre meglio. Negli ultimi mesi con la collaborazione dello staff e di Sara D'Amario, giovane scrittrice, abbiamo scritto un libro intitolato "I Prigionieri del Silenzio" che vanta la magistrale prefazione dell'ex ministro degli esteri Giulio Maria Terzi di Sant'Agata e che riporta alcune delle storie che abbiamo seguito, toccando tutto il globo per poter dare una visibilità completa sulle dinamiche. Il nostro scopo è poter fare capire ai nostri connazionali che quella della detenzione all'estero è una realtà spesso più vicina di quanto potremmo immaginare e che è necessario fare qualcosa anche nel proprio piccolo per poter fermare questo che ormai è diventato un problema sociale. Le nostre richieste, pubblicate anche sul sito internet, prevedono:

1) La riesamina del Protocollo di Strasburgo che al momento è generico e laddove s'intende (come è stato specificato qualche anno fa con riferimento al caso Beniamino Cipriani, arrestato in USA a rischio di pena di morte) introdurre clausole aggiuntive, sarebbe necessario specificare chiaramente che ciò può essere personalizzato a seconda delle esigenze del caso e del Paese di condanna.

Una unità (o più unità) all'interno dei Consolati o dell'Ambasciata (a seconda del numero della popolazione italiana sul posto) esperta in tema giuridico penale del paese che possa fungere da consulente e affiancare gli eventuali avvocati del posto predisponendo a secondo delle possibilità del concittadino e del caso, aiuti economici. In sostanza un italiano detenuto all'estero o con un processo penale all'estero dovrebbe avere le stesse identiche possibilità di difesa che avrebbe nel suo paese, compreso l'appoggio dei familiari e qualsiasi supporto logistico e tecnico che avrebbe in Italia.

2) Sarebbe necessario creare in Italia un team esperto in materie giuridiche e sociali, in continuo contatto con il referente sul posto addetto a informare e aiutare la famiglia residente in Italia con informazioni sul proprio caro detenuto. Inoltre, vanno agevolati i contatti con il referente attraverso anche l'ausilio e la collaborazione di una Onlus tipo *Prigionieri del Silenzio* per collaborazioni di eventi atti all'informazione e al reperimento di fondi per l'aiuto economico dei meno abbienti.

3) Infine è auspicabile da parte del Governo un'azione di informazione sui paesi esteri, in merito alle regole, criticità e quant'altro, tenendo conto anche dei casi di detenzione conosciuti sino ad ora.

Intervista a **Vito Bruschini**

(Scrittore)

Punto Continenti – 19 dicembre 2016

I NEMICI DELLO STATO SOCIALE

*È sicuramente uno dei maggiori esperti in Italia di poteri forti, logge massoniche, gruppi internazionali dominanti. Parliamo dello scrittore **Vito Bruschini**, autore tra l'altro, del best seller I segreti del Club Bilderberg. Formalmente i libri di Bruschini sono romanzi. Nella realtà si tratta solo di un artificio per raccontare, facendo leva soprattutto sulla logica dei fatti, le verità non provate di storie, personaggi e situazioni avvolte dal mistero.*

Nessuno, quindi, meglio di lui per capire con chi sono destinati a scontarsi coloro che si battono per la nascita di un Nuovo Stato Sociale, come lo sta facendo in questo momento un gruppo di giornalisti e personaggi che ruotano intorno alla REA, Radiotelevisioni Europee Associate. Ma sentiamo cosa ha detto sull'argomento.

Oggi si parla molto di poteri forti che cercherebbero di controllare il mondo. Ma è una leggenda metropolitana o esistono veramente?

'Poteri forti', questo concetto viene usato ormai talmente a sproposito che sta sconfinando nella banalizzazione. È un'immagine talmente astratta che la gente pensa sia la solita invenzione dei giornalisti e che quindi i poteri forti semplicemente non esistano. Tanto per essere concreti, quando parliamo di poteri forti, si fa riferimento al sistema mondiale finanziario gestito dai colossi bancari e in subordine dalle multinazionali dell'agroalimentare, della chimica e dei farmaci, dell'auto, del tabacco, del petrolio, dell'elettronica di consumo, dell'energia, del commercio in generale.

Per essere ancor più precisi i colossi bancari ai quali ci riferiamo sono la J.P. Morgan, per capirci, quella che il 28 maggio del 2013 ha scritto il documento intitolato «Aggiustamenti nell'area euro» dove in pratica criticava le costituzioni dei paesi europei, troppo socialiste, troppo favorevoli ai diritti dei lavoratori, con "esecutivi limitati nella loro azione dalle costituzioni (Portogallo), dalle autorità locali (Spagna), e dalla crescita di partiti populisti (Italia e Grecia)".

Da questi *suggerimenti* sono nate le modifiche di Renzi alla nostra Costituzione, che gli italiani con il referendum hanno fortunatamente bocciato. L'altra superbanca d'affari è la Goldman Sachs, una delle più importanti su scala mondiale. Quella che, insieme a J.P. Morgan Chase e Bank of America salvò dalla bancarotta del 2012 Merrill Lynch, AIG, Morgan Stanley, Citigroup, Wells Fargo e molte altre banche. Questi istituti di credito sono di proprietà di poche dinastie dal nome altisonante, come i Rockfeller, i Rothschild, i Ford, i Vanderbilt. Ecco, quando diciamo 'poteri forti' dobbiamo tenere a mente questa geografia finanziaria costituita dalle superbanche e dalle corporation a cui accennavamo prima.

Ci sono dei poteri forti autonomi italiani o questi poteri nostrani sono semplicemente a servizio di pochi gruppi internazionali?

I cosiddetti poteri forti italiani ci sono stati in epoche ormai giurassiche. Penso a Valletta che fece grande la Fiat. La fabbrica torinese influenzò non poco la politica e lo stato sociale italiano, basti pensare allo sradicamento dalle loro cittadine d'origine di milioni di persone che emigrarono dal sud negli anni Sessanta per cercare lavoro nelle fabbriche del nord. Pensiamo anche che cosa ha rappresentato la realizzazione dell'Autostrada del Sole.

Questa grandiosa opera ha sicuramente avvicinato l'Italia, ma per renderla funzionale bisognava acquistare un'automobile. Furono scelte non per il popolo, bensì per la Fiat che costruiva automobili, per Pirelli che faceva copertoni e per Italcementi che asfaltò l'intero percorso. Ecco un esempio di ciò che possono fare i poteri forti: condizionare le scelte dei governi, un po' per offrire benefici al popolo, ma molto per i propri esclusivi interessi.

Oggi l'Italia non ha più sistemi economici del genere, i poteri forti hanno preferito tutti emigrare all'estero alla ricerca di nuovi mercati, di nuovi operai più a buon mercato. A questo ha portato la globalizzazione. Oggi, in Italia, siamo sudditi dei poteri stranieri, soprattutto americani e inglesi che vengono da noi soltanto per toglierci le industrie più innovative.

Attualmente un consistente numero di giornalisti, scienziati, economisti, operatori sociali, ricercatori, tutti collegati alla REA (Radiotelevisioni Europee Associate), sta formando un gruppo di pressione inteso a rivitalizzare l'esistenza di un forte Stato Sociale. Secondo lei questo progetto fatalmente si scontrerà con questi poteri forti?

Lo scontro ci sarà, è fatale. Consiglio a tutti di andare a leggere quelle sedici paginette pubblicate spudoratamente dalla banca J.P. Morgan Chase (trovate il testo nel web). Chiunque si frapporrà ai loro obiettivi, che sono quelli del mercato selvaggio cioè senza regole etiche e di salvaguardia della salute delle popolazioni, verrà spazzato via con uragani finanziari.

Andate a rileggere quello che prevedevano in caso di vittoria dei NO in riferimento all'ultimo referendum. Promettevano crisi irreversibili, crollo delle borse e delle banche, un'apocalisse... ebbene non è successo niente di tutto questo, un po' come con la brexit. Al contrario, oggi l'economia della Gran Bretagna, dopo l'uscita dall'eurozona, sembra andare a gonfie vele.

Il Progetto fa un grande affidamento a un corretto utilizzo della tecnologia. Pensiamo, ad esempio, all'alimentazione gestita razionalmente, all'abbigliamento fatto con le stampanti 3D, alle case prefabbricate, alle medicine generiche, all'istruzione di massa via Internet, alle grandi banche dati del diritto, all'utilizzo gratuito delle potenti reti d'informazione. Fino a che punto i poteri forti cercheranno di impedire lo sviluppo di una tecnologica a servizio dell'uomo?

Per fortuna quella non la potranno fermare, a meno di influire su di essa con una sorta di censura. Le nuove strade aperte dall'informatica hanno spalancato le porte a un'infinità di soluzioni tecnologiche. Saranno di sicuro la chiave per la riuscita del progetto Rea o almeno una delle chiavi perché comunque alla base di tutto dev'essere forte la volontà da parte di tutti, insisto a dire soprattutto dei politici, di voler cambiare le cose.

In conclusione, tenendo conto anche della nuova amministrazione americana, cioè, della più grande potenza economica e militare del mondo, lei si sente di fare una previsione su come finirà lo scontro frontale tra i poteri forti e lo Stato Sociale?

Trump è stato il granello di sabbia che ha bloccato (almeno per il momento) i perversi ingranaggi dei cosiddetti poteri forti. Staremo a vedere le decisioni che prenderà una volta insediatosi alla Casa Bianca. Naturalmente la speranza che il nuovo Stato Sociale, così com'è stato pensato dai responsabili della Rea abbia la meglio dev'essere un auspicio per tutti noi. Il progetto è molto ambizioso, ma realizzabile. Dalla nostra parte devono esserci però politici intenzionati a lavorare per il bene della cosa pubblica e non per il loro esclusivo tornaconto personale. Una parte di loro sono responsabili e sinceramente votati al bene comune, ma il marcio fino ad oggi non ha consentito loro di lavorare per il meglio.

Dev'esserci, a mio avviso, da parte loro una visione più reale della vita che scorre fuori dai loro palazzi della politica. Mi vengono i brividi quando, ad esempio, sento in televisione un ministro dell'economia che non conosce il prezzo di un litro di latte o di un chilo di pane. Ecco, dobbiamo spazzare via questa gente se vogliamo rimettere al centro dei nostri pensieri e delle nostre azioni, l'Uomo.

Punto Continenti – 24 luglio 2016

I DE BORTOLLI RISCOPRONO
L'EMIGRAZIONE ITALIANA IN BRASILE

Angela e Marcos Vinicius De Bortolli, una bellissima coppia di sposi di discendenza italiana sta compiendo una vera missione: raccogliere e diffondere foto e testimonianze della enorme presenza italiana in Brasile, questo gigante dell'America Latina. In pratica contribuiscono a colmare una lacuna che fa parte integrante della storia italiana e che dovrebbe essere letta e studiata nelle nostre scuole ma che invece viene spesso dimenticata.

Loro vivono nello Stato del Paranà, nel sud del Paese. Insieme hanno scritto il libro 'Quando i bambini sono diventati uomini' ricco di fotografie e testimonianze che hanno attirato un grande interesse in rete e presso la comunità italo-brasiliana. Il padre di Angela è di origine italiana mentre la madre è di origine portoghese. La famiglia di Marcos è originaria di Asolo, in provincia di Treviso. I due protagonisti si sono conosciuti una decina di anni fa e prima di sposarsi vivevano in due città diverse. Entrambi non sono mai stati in Italia ma hanno un grande desiderio di farlo. Ad Angela abbiamo, quindi, posto alcune domande.

Come è nata questa passione per le foto storiche dell'immigrazione italiana in Brasile?

Sia io che mio marito ci siamo sempre interessati di archeologia e di fotografie antiche. Questa passione è aumentata nel corso della stesura del libro 'Quando i bambini sono diventati uomini' (*Quando meninos viram homens*), perché è stato necessario fare delle approfondite ricerche di foto e località storiche. Anzi, a suggerirci la scrittura del libro è stata proprio una visita alla tomba del bisnonno di Marcos. Con grande sorpresa abbiamo scoperto che mio marito e il bisnonno erano nati nello stesso giorno ma con 100 anni di differenza. Questo ci ha ispirati a cercare di conoscere com'era la vita nel diciannovesimo secolo.

E' vero che oggi la terza generazione è interessata alla riscoperta delle radici italiane dei nonni?

Si, probabilmente per avere più conoscenze e informazioni. L'attuale generazione è decisamente impegnata in una riscoperta. I miei genitori e i miei nonni, ad esempio, non hanno mai cercato di indagare sui dettagli della vita delle generazioni originarie dall'Europa.

Qual' è attualmente il peso della comunità di origine italiana in Brasile in termini politici, economici e sociale?

Nel 2013 l'Ambasciata italiana in Brasile ha divulgato il dato di 30 milioni di discendenti di emigranti italiani, circa il 15% della popolazione brasiliana. Gli italo-brasiliani rappresentano la più grande comunità di oriundi fuori dall'Italia. Una comunità che mantiene usi e costumi tradizionali italiani. Del resto anche una consistente parte della popolazione brasiliana è stata influenzata dall'arrivo dell'immigrazione italiana.

Il contributo degli italiani è stato notevole in tutti i settori della società brasiliana, soprattutto per quanto riguarda i cambiamenti socio economici che sono avvenuti sia nel mondo rurale che nelle città. Possiamo dire che lo stile di vita è cambiato profondamente a causa anche dell'influenza esercitata dal cattolicesimo. Lo stesso è avvenuto anche in campo artistico, nella musica, nell'architettura, nella culinaria, nelle capacità imprenditoriali degli italiani di avviare sempre nuove imprese, nonché nel grande apporto dato dai lavoratori specializzati. A tutto ciò occorre aggiungere l'introduzione di nuove tecnologie agricole, insieme al cambiamento della struttura del latifondo che gradualmente è stato sostituito dalle piccole proprietà agricole e dall'introduzione di una coltivazione abbastanza variegata.

Di quale immagine gode l'Italia presso l'opinione pubblica brasiliana?

Di un popolo allegro e agguerrito. Molti gruppi di discendenti italiani sono diventati popolari su Facebook semplicemente divulgando fatti e foto dell'Italia, tutte bellissime. Siamo, comunque, consapevoli del fatto che l'Europa sta attraversando un momento difficile e che si stanno vivendo anni di vacche magre. Nonostante ciò il sogno di tutti i discendenti italiani è di visitare l'Italia e di conoscere la terra d'origine. Molti sono riusciti a farlo, altra addirittura a trasferirsi in Italia.

In che modo il Governo italiano potrebbe migliorare le relazioni tra i due Paesi?

Facilitando la concessione della cittadinanza ai suoi discendenti: una procedura che, purtroppo, viene eseguita in maniera lenta e costosa. Inoltre, una buona strada potrebbe essere quella di incrementare le manifestazioni culturali.

Oggi il Brasile è colpito da una profonda crisi politica ed economica. Questa situazione ha comportato gravi problemi sociali per la Comunità italiana?

Certamente la crisi ha colpito tutti i brasiliani, anche se ha avuto un impatto minore presso la popolazione di origine europea residente nel sud del Brasile. La produzione agropecuaria della nostra Regione sta attraversando un momento di grande prosperità, come forse non si era mai verificato in passato, e questo ha indubbiamente attenuato la problematica sociale. Molte città hanno un livello di vita e di sviluppo umano uguale se non superiore a quello europeo, com'è il caso della nostra città, che si chiama Pato Branco e che è abitata da 80 mila persone: siamo la quarta città più colta del Paese e con un indice di sviluppo umano tra i più alti del Brasile. Nella nostra città non ci sono, ad esempio, favelas e anche i più poveri posseggono delle buone case dotate di un minimo di decoro.

Lei vive nello Stato del Paranà dove è stata eletta al Parlamento italiano Renata Bueno come una delle rappresentanti della Circoscrizione Estero. Cosa ne pensa dell'opportunità di votare candidati italiani provenienti dall'estero?

Trovo che sia un'iniziativa molto interessante dato che la parlamentare può cercare di soddisfare le classiche esigenze degli italiani che vivono nell'America del Sud, soprattutto in Brasile, in questioni attinenti alla cultura, agli interscambi e all'insegnamento. Lei ha avuto molti voti, ben quattro volte di più di quanto aveva ottenuto quando si era ricandidata (senza essere stata rieletta) al Consiglio comunale nella città di Curitiba.

Ciò dimostra l'interesse della popolazione italiana in Brasile ad essere rappresentata. Lei conosce il libro di mio marito, avendone una copia. Ma, detto sinceramente, i brasiliani seguono poco i loro parlamentari e ancora di meno una eletta al Parlamento italiano, nonostante i suoi eccellenti propositi di aiutare i discendenti italiani. In ogni caso una brasiliana eletta al Parlamento italiano, e che conosce bene il contesto brasiliano, può sicuramente essere più incisiva di un candidato italiano sul piano delle questioni internazionali tra i due Paesi.

Articolo di **Vichi de Marchi**

(Portavoce per l'Italia del WFP, Programma Alimentare Mondiale DELL'ONU)

Punto Continenti – 26 gennaio 2016

I DIRITTI DI 795 MILIONI DI PERSONE E DELLA SIRIA

Nel dibattito internazionale avviato da Punto Continenti sulla necessità di rilanciare lo Stato Sociale in tutto il mondo, riceviamo l'interessante contributo di Vichi De Marchi, Portavoce per l'Italia del WFP, il Programma Alimentare Mondiale dell'ONU con sede principale a Roma. La Vichi prende spunto da un filmato prodotto dalla REA, Radiotelevisioni europee associate.

Nel filmato sull' Assistenza Legale Umanitaria' si parla di un diritto ad essere informati. E si parla di bisogni capitali. Tra questi metterei anche il diritto all'alimentazione per i 795 milioni di persone che nel mondo soffrono la fame. Ci sono diritti che dovrebbero essere inviolabili, difesi come un bene supremo. Primo tra tutti voglio citare il diritto alla pace e a un mondo pacificato. Non così è per molte popolazioni, prima tra tutte per i martoriati abitanti della Siria: oltre agli aiuti alimentari e sanitari, hanno un assoluto bisogno che il mondo conosca e riconosca i loro diritti a una pace che è nell'interesse di tutti.

In questo senso va letto anche il recente appello di oltre 100 tra agenzie ONU e Organizzazioni non Governative, dall'UNICEF, alla Caritas al Programma Alimentare Mondiale WFP. Cosa si chiede in questo appello? Innanzitutto che chi ha il potere di fermare queste violenze lo faccia ora. Subito. Non sono più accettabili rinvii. Ma si chiede anche ai cittadini, all'opinione pubblica di far sentire la propria voce rilanciando l'appello, ad esempio, attraverso i social media, creando un grande movimento virale per la pace. Oggi in

Siria ci sono 13,5 milioni di persone che hanno bisogno di assistenza umanitaria, la cui vita è forse compromessa per sempre. Per loro nell'appello si chiede nell'immediato:

1) Accesso continuato e senza impedimenti alle organizzazioni umanitarie per portare soccorsi immediati a quanti hanno bisogno in Siria;

2) Tregue umanitarie e cessate il fuoco incondizionati e monitorati che permettano la consegna di assistenza alimentare e di altri aiuti urgenti ai civili, la possibilità di effettuare vaccinazioni e altre campagne sanitarie, il ritorno dei bambini a scuola;

3) La fine degli attacchi alle infrastrutture civili in modo che sia garantita la sicurezza di scuole e ospedali e dei rifornimenti idrici;

4) Libertà di movimento per tutti i civili e l'immediata sospensione di tutti gli assedi da parte di tutte le parti in conflitto.

Ma si chiede soprattutto che la pace torni in terra siriana.

Intervista a **Francesco De Palo**

(Giornalista)

Punto Continenti – 1 dicembre 2014

IL VERO RUOLO DEGLI ITALIANI ALL'ESTERO

Giornalista, scrittore, ghostwriter (sono giornalisti che per Celebrità e leader politici sistemano autobiografie, articoli o discorsi) Francesco De Palo scrive da freelance di esteri, energia e aereospazio per Il Giornale, ilfattoquotidiano.it, Formiche, Airpress e Il Calendario del Popolo. Profondo conoscitore del Mediterraneo, ha seguito in loco la crisi greca per l'intero 2012 a cui ha dedicato il pamphlet Greco-eroe d'Europa (Albeggi ed.), vincitore dell'Alexandria Scriptori Festival nel 2014. Parla il greco moderno e dirige il magazine Mondo Greco.

Dal 2013 è dirigente del Comitato Tricolore per gli Italiani nel Mondo (Ctim) e direttore dell'area comunicazione e delegato per la Grecia. Infine, De Palo è stato anche uno dei fondatori del mensile Prima di Tutto Italiani, di cui è direttore responsabile.

Ed è proprio per parlare degli italiani, soprattutto di quelli emigrati all'estero, che abbiamo intervistato De Palo che recentemente ha seguito a Chioggia un incontro del Ctim, insieme a Bruno Canella (già vice governatore del Veneto); Matteo Zanellato (portavoce del Centro Studi Europa); Roberto Menia (Segretario Generale del Ctim) e Arnaldo Ferrari Nasi (analista).

Recentemente si è svolta a Chioggia la Seconda Scuola di Politica del Centro Studi Europa, patrocinata dal Comitato Tricolore per gli Italiani nel Mondo, del quale il vostro giornale è l'organo d'informazione. Ci può spiegare in estrema sintesi com'è nato e quali sono gli obiettivi principali di questo Comitato?

Il Ctim è nato nel 1968 per iniziativa dell'on. Mirko Tremaglia, che tanti anni dopo diverrà ministro proprio per gli italiani all'estero. Obiettivo del Ctim è sostenere e accompagnare le realtà nostrane che hanno deciso di emigrare per ragioni professionali, sociali, personali e contingentali.

Si tratta di un impegno che ha trovato il proprio naturale perimetro all'interno della battaglia della Destra Italiana per il riconoscimento dei diritti degli Italiani all'estero, primo fra tutti l'esercizio del voto, risultato ottenuto proprio da Tremaglia in Parlamento nel 2000.

Inoltre il Ctim ha offerto un sensibile contributo al censimento degli Italiani nel mondo e all'istituzione dell'Anagrafe degli Italiani all'Estero. Per cui dopo molti anni gli Italiani nel mondo esistono ufficialmente per lo Stato Italiano: un pezzetto di questo merito è anche del Ctim. Il nuovo magazine, *Prima di tutto Italiani*, intende proprio dare risalto a queste, ma anche alle nuove istanze degli italiani all'estero che la modernità mette all'ordine del giorno: penso alle imprese che spesso non comunicano con le università, alle eccellenze che esportiamo intese anche come nuove occasioni professionali, alle nuove sfide di una globalizzazione che l'Italia potrebbe governare e non subire. Oggi l'emigrazione 2.0 non è parificabile a quella d' inizio '900.

Quali sono stati i punti essenziali che hanno caratterizzato il simposio di Chioggia?

Alla presenza del Segretario Generale del Ctim Roberto Menia si è discusso della contingenza delle elezioni per il rinnovo dei Comites, appena prorogate dal governo al prossimo aprile dal momento che la novità dell'inversione dell'opzione non era stata adeguatamente comunicata agli italiani all'estero.

Come avevamo previsto solo il 2% degli aventi diritto di voto si erano iscritti nelle liste dei consolati. Il rischio concreto è che il tutto sia un flop. Ma l'accento è stato messo anche sulla spinta delle associazioni regionali nel mondo, censite dall'analista Arnaldo Ferrari Nasi, e sul ruolo di ambasciatori italiani nel mondo che i nostri connazionali svolgono ufficiosamente.

Non solo per il consumo e la diffusione di prodotti italiani, bensì anche perché sono vettori di cultura e di quel made in Italy che è il nostro petrolio.

Cultura fa rima anche con storia, come quella della Grande Guerra di cui quest'anno si celebra il Centenario e che abbiamo ospitato sul nostro mensile intervistando il giornalista del Corriere della Sera Aldo Cazzullo. Nel suo ultimo libro racconta proprio la dignità, tutta italiana, dei veri eroi del '15-'18.

Come giudica l'attività dei Comites, i Comitati degli italiani all'estero?

Svolgono il proprio compito, a volte bene a volte meno bene, tra mille difficoltà come i tagli della *spending review* e la chiusura di molte sedi consolari e di istituti italiani di cultura all'estero. Il raccordo con la madre-Patria è soprattutto di natura culturale ed emozionale, per cui i Comites sopportano un doppio e gravoso peso. La contingenza dei tagli verticali a fondi e sostentamenti, se condotta senza entrare nel merito delle esigenze di associazioni e patronati, rischia solo di fare danni. E creare un risparmio oggi che si traduce, domani, in un ulteriore disservizio. Servirebbero test di valutazione sui risultati ottenuti, piuttosto. É altrettanto chiaro che le riforme e i cambiamenti devono appartenere al dna di una società che insegue il meglio, ma partendo da reali esigenze e non da titoli buoni per comizi o tweet.

Molti ritengono che l'attività dei rappresentanti degli italiani eletti all'estero mediamente non abbia corrisposto alle aspettative. In sostanza, più che sostenere le esigenze degli

italiani espatriati diversi eletti hanno coltivato i propri interessi politici ed economici fuori dall'Italia. Lei condivide questa opinione?

In parte. Non credo sia intellettualmente corretto generalizzare. É come dire che i penalisti sono tutti dei farabutti e che le ong siano tutte oneste. Occorre entrare nel merito di fatti e circostanze. Se si riferisce a taluni esponenti del nostro Parlamento eletti all'estero, bisogna ammettere che nel recente passato alcuni non hanno brillato né per competenze né per consistenza. Anzi, hanno rappresentato un preciso handicap sia nell'immaginario collettivo sia per le esigenze, ad esempio, di lavoratori e liberi professionisti, per inciso ancora alle prese con il dossier Imu e con la pensione.

Penso ai periodici sproloqui offerti dal senatore Razzi da cui l'intero movimento non trae giovamento. Gli italiani all'estero sono istruiti, perfettamente integrati nelle singole realtà dove offrono contributi professionali e umani di altissimo livello, come dimostra il primo Columbus Day quest'anno celebrato a Dallas mentre altrove veniva boicottato.

Ci sono anche molti dubbi sulle modalità di elezione. In molti casi si è parlato di scarsa organizzazione se non di brogli elettorali. Non sarebbe forse il caso di sperimentare proprio all'estero il ricorso al voto elettronico, da estenderlo poi anche in Italia?

L'utilizzo della tecnologia mi vede completamente favorevole, ma prima di acquistare un aereo credo sarebbe necessario costruire gli aeroporti. Intendo dire che *in primis* bisogna creare le condizioni perché i nuovi mezzi siano operativi, magari partendo da una massiccia campagna informativa che spiani la strada agli esperimenti. Il diritto di voto per gli italiani all'estero è sacrosanto e va preservato anche con indicazioni pratiche dettate dalla logica e dal buon senso. Ogni passo affrettato potrebbe produrre più danni che benefici, con gli italiani residenti nei cinque continenti che ancora una volta ne pagherebbero il conto.

Oggi si sta verificando una nuova forma di emigrazione italiana. Parliamo spesso, della migliore gioventù che non trovando lavoro in Italia o perché sottopagata è costretta a

trasferirsi all'estero. Non ritiene che questa massiccia fuga di cervelli potrebbe alla fine rivelarsi fatale per i destini del Paese? Qual è la posizione del Comitato Tricolore su questo argomento?

Il destino dell'Italia non è già segnato come molte Cassandre amano sottolineare, ma verrà deciso dalla politica di oggi e soprattutto dagli investimenti culturali e sociali che si andranno a realizzare.

Se si decide di tagliare i fondi all'istruzione, alla ricerca e alle nuove tecnologie per continuare a foraggiare la cassa integrazione, ma è una mia posizione personale questa, significa che si paga qualcuno per non lavorare e al contempo si perde oggi un'idea che domani potrebbe tradursi in occupazione.

É un problema di cultura politica più che di macro economia. La nuova fuga dall'Italia è data da mancati investimenti, da un'estrema burocratizzazione, da troppi dipendenti statali, da un sistema pigro che respinge le opportunità per trovare riparo al calduccio delle consuetudini di ieri. Questo è un tessuto ormai in necrosi che è necessario rinnovare, ma sul serio.

Produrre occupazione significa attrarre investimenti, rimettere in moto l'economia, il commercio e i consumi, ma non è possibile farlo se la pressione fiscale è alle stelle mentre ad esempio l'Inghilterra ha avviato un percorso di riforme vere per rendere quel Paese attraente agli occhi di tutte le imprese.

D'altronde perché la nuova Fiat-Chrysler di Marchionne ha scelto Olanda e Gran Bretagna per domicilio fiscale e tasse?

Intervista a **Mehedi Hasan**

Studente del Bangladesh)

Punto Continenti – 29 novembre 2015

IL BANGLADESH STA SCONFIGGENDO LA FAME

Con una popolazione che supera i 160 milioni di persone la Repubblica Popolare del Bangladesh (che significa Paese del Bengala) confina oltre che con l'India anche con la Birmania nell'estremo sud. La sua capitale è Dacca. Si tratta di uno dei Paesi più popolati del mondo per densità e che per molti anni è stato anche poverissimo. Da ricordare che mentre la civiltà della regione del Bengala risale a ben 4 mila anni fa, la storia del Bangladesh moderno porta la data del 26 marzo del 1971, quando è diventato indipendente.

In precedenza faceva parte del Pakistan che, a sua volta, si era staccato dall'India nel 1947. Per molti anni, infatti, lo Stato del Pakistan é rimasto suddiviso in due territori non confinanti: quello occidentale e quello orientale. Il Bangladesh è una Repubblica parlamentare e democratica guidata dal primo ministro Sheikh Hasina, mentre il Capo di Stato è una donna, Abdul Hamid. La maggioranza della popolazione è di fede islamica (i cristiani, in prevalenza cattolici, rappresentano circa l'1%) ma esiste un'ampia libertà religiosa.

Negli ultimi anni il Paese ha registrato importanti risultati sul piano dell'alfabetizzazione, dell'assistenza sociale, dei diritti delle donne e dello sviluppo economico. Per scambiare qualche opinione sul nuovo Bangladesh abbiamo sentito Mehedi Hassan, uno studente in contabilità e finanza del business, residente nella capitale Dacca (14,5 milioni di abitanti) e che recentemente si è messo in contatto con l'Osservatorio sullo Stato Sociale della REA.

Da registrare che in Italia, tra regolari e irregolari, vive la più grande comunità di cittadini del Bangladesh in Europa, circa 150 mila (15 mila solo a Roma).

Come giudica la lotta intrapresa dal Governo alla fame nel Paese?

Direi positiva. Nel periodo che va dal 1997 al 2002 la povertà riguardava il 48,9% della popolazione. Oggi siamo intorno al 24,8%. Possiamo dire che il Governo è fortemente impegnato a ridurre il problema della fame. Teniamo, comunque, presente che il Bangladesh è un Paese essenzialmente agricolo. Siamo, ad esempio, il quinto Paese produttore di pesce e l'anno scorso abbiamo esportato riso allo Sri Lanka. Il Governo prevede dei prestiti agevolati nell'agricoltura e ha elaborato una visione Paese orientata fino al 2021. Inoltre, nel Bangladesh si sta rafforzando sempre di più la classe media.

E per quanto riguarda il vestiario?

A questo proposito è bene ricordare che il Bangladesh è uno dei maggiori esportatori del mondo di capi di abbigliamento. Da noi, quindi, non è difficile trovare qualche abbigliamento a un costo bassissimo.

Cosa ci può dire invece per quanto riguarda il problema abitativo?

So che sono stati assegnati diversi appartamenti alla parte più povera della popolazione. Ci sono poi diversi mutui agevolati erogati dalle banche per l'acquisto di case popolari.

Come giudica il sistema sanitario?

Oltre a una trentina di Ospedali universitari pubblici abbiamo diversi centri medici dislocati in varie parti del Paese. Per fortuna il costo di una prestazione sanitaria è abbastanza contenuto.

Cosa prevede il sistema scolastico?

Fino a un certo livello, l'Istruzione è gratuita come anche la distribuzione dei libri scolastici. Abbiamo, poi, molte università pubbliche. Anch'io frequento una di esse: l'Università Nazionale del Bangladesh

Ritiene efficiente il sistema giudiziario?

Esiste il patrocinio gratuito per i più poveri. L'intero sistema giudiziario è, comunque, abbastanza complicato e aggravato da una diffusa corruzione. Inoltre, i tempi decisionali sono spesso lunghissimi.

Avete una stampa libera?

Generalmente si. Naturalmente alcuni organi di stampa fanno riferimento ai singoli partiti politici.

Articolo di **Javier Leoni**

(Giornalista argentino)

Punto Continenti – 6 marzo 2017

L'ARGENTINA RISCHIA DI SPROFONDARE

Giornalista, 36 anni, argentino residente nella capitale Buenos Aires, produttore di audiovisivi (ha realizzato recentemente con la Cooperativa NUDO un importante documentario sui 200

anni di indipendenza dei popoli della Ande (1), Javier Leoni è anche un attento osservatore politico della realtà argentina. Di seguito pubblichiamo un suo interessante commento inviatoci rispetto alla difficile situazione attraversata in questo momento dal suo Paese.

(1) https://www.youtube.com/watch?v=-1FZvJXPJZ4

Dopo essersi insediato nel dicembre 2015, il Presidente Mauricio Macri ha guidato il paese come se fosse un'azienda privata, oltre ad accusare continuamente la precedente amministrazione di Cristina Fernandez de Kirchner di aver lasciato una "pesante eredità": accusa che continua a ripetere a oltre un anno dal suo insediamento. Viceversa, grazie al sostegno dei principali mezzi di comunicazione (Clarin e La Nacion) vengono nascosti gli sviluppi di alcuni gravi scandali come quello dei cosiddetti *Panama papers*, che ha fatto emergere le pesanti tangenti pagati dal colosso brasiliano Odebrecht al cugino del Presidente o lo scandalo della posta argentina (che ha coinvolto il padre del Presidente). Nel frattempo il Governo Macri continua a ripetere all'infinito che l'unico problema è la pesante eredità lasciata dalla Kirchner.

Nella realtà il governo Macrì potrebbe essere definito una Capocrazia, cioè, un governo composto in buona parte da capi d'azienda e amministratori delegati, come Juan José Aranguren, Ministro dell'Energia e delle miniere, ex capo della compagnia petrolifera Shell (società che ha beneficiato di diversi acquisti e operazioni mentre Aranguren era già al governo). Poi abbiamo l'esempio Prat Gay, ex JP Morgan, diventato (anche se poi si è dimesso) ministro dell'Economia e delle Finanze. E così si potrebbe andare avanti con tanti altri nomi. Quello che è certo, e i numeri lo dimostrano, è che 3 su 10 alti funzionari della nuova amministrazione, hanno occupato in passato elevate posizioni manageriali in grandi aziende.

L'aumento, poi, delle tariffe elettriche, gas, carburante, trasporto, per non parlare dello sblocco dei limiti alle esportazioni di prodotti alimentari, nonché la creazione di fondi neri e il riciclaggio di denaro sporco, sono tutti aspetti che hanno caratterizzato l'attività del Governo durante i primi mesi del mandato del Presidente Macrì. Questa situazione è andata a beneficio soprattutto delle classi agiate, mentre alla gente comune veniva chiesto di avere pazienza e di aspettare i risultati: richieste fatte a un popolo che non riesce ad arrivare alla fine del mese per comprare un piatto di pasta. In aggiunta a tutto ciò è stato avviato un processo di svuotamento delle imprese pubbliche, come quello avvenuto con la compagnia aerea Aerolinas Argentinas, che ha consentito alle società estere di ottenere importanti rotte aeree statali.

Rimane, infine, molto preoccupante è la detenzione da più di un anno della leader sindacale Milagro Sala, ingiustamente detenuta nonostante le proteste delle organizzazioni internazionali favorevoli a un suo immediato rilascio.

A ciò va aggiunto un chiaro fastidio del Governo per qualsiasi argomento che abbia a che fare con i diritti umani, negando pubblicamente che ci siano ancora 30mila dispersi, con grave disprezzo per le lotte delle madri e delle nonne di Plaza de Mayo, conosciute come H.I.J.O.S. (sono le donne che hanno perso figli e nipoti durante la dittatura militare N.d.R.).

In sostanza possiamo affermare che l'Argentina sta ripetendo gli stessi meccanismi avviati nel corso degli anni '90 che hanno portato alla profonda crisi del 2001. Purtroppo, molti cittadini non si rendono conto che stanno seguendo una persona che li condurrà verso l'abisso, ma che è sempre pronta a saltare dolcemente il fosso, come preconizzato da diversi media.

La strategia è "faccio qualcosa, se dicono nulla lascio che la scelta prosegua il suo corso; se invece fanno delle obiezioni allora chiedo perdono e cambio strategia", soprattutto se si sta avvicinando la fine della corda. Però la gente comincia a sollevarsi perché non intende perdere i diritti che ha conquistato nel corso degli ultimi 12 anni e che ora, lentamente, si stanno evaporando.

L'orientamento verso la destra è comunque un fenomeno regionale che riguarda il Cile, l'Argentina, il Brasile (con l'assunzione dei poteri da parte di Temer), il Perù e l'incognita rappresentata dalle prossime elezioni in Ecuador, con la possibilità dell'arrivo al potere della destra dopo anni di Governo populista (in ballottaggio per il 2 aprile prossimo sono l'ex vice Presidente Lenin Moreno e l'ex banchiere Guillermo Lasso, N.d.R.).

Articolo di **Rosalia Martinez**

(Imprenditrice messicana)

Punto Continenti – 24 luglio 2016

STATO SOCIALE E FATTORE CINA

Riceviamo l'interessante contributo di Rosalia Martinez (riquadro), Presidente dell'Associazione 'PyME Competitividad Empresarial' del Messico, da molti anni impegnata a sviluppare le relazioni internazionali delle piccole medie industrie messicane.

Sinceri complimenti alla REA (l'Associazione delle radiotelevisioni europee) per aver avviato un vasto dibattito a livello mondiale sullo Stato Sociale: argomento ormai sparito dall'agenda politica nei paesi occidentali. Eppure, meriterebbe di essere approfondito per i suoi vari risvolti, tra cui i complessi rapporti con la Cina, oggi una delle economie più potenti della terra.

Mi riferisco, ad esempio, al costante e crescente fenomeno delle delocalizzazioni delle imprese, che da un lato fa considerare questo grande mercato una notevole fonte di profitto a bassi costi ma dall'altro anche una delle cause del progressivo smantellamento delle industrie nei Paesi occidentali. Tutto ciò con pesanti conseguenze sul piano occupazionale, in grado di mettere in profonda crisi milioni di operai, impiegati, laureati, famiglie.

La conseguenza di tutto ciò è scontata: senza lavoro, senza fabbriche, senza produzione, senza investimenti, senza esportazioni, rimane molto difficile mantenere in piedi un efficace sistema Sociale. E qui sta il paradosso: proprio quando c'è più bisogno lo Stato si trova in crescente difficoltà ad assistere i disoccupati, le famiglie e i giovani neo laureati.

La responsabilità, bisogna dirlo, non è solo dei governi ma anche dei privati, di quelle imprese e imprenditori che guardano solo al guadagno immediato, abbandonando il proprio paese chiudendo le fabbriche, lasciando quindi sul lastrico e senza pietà una parte consistente della popolazione. So già che qualcuno obietterà che l'impresa non fa opere di beneficenza ma insegue il profitto. Giusto, ma è bene tenere presente le conseguenze drammatiche di questa scelta. Detto ciò, vorrei precisare che sono assolutamente favorevole all'import-export, agli investimenti esteri e, soprattutto, alla competitività delle piccole e medie imprese sui mercati esteri, anche attraverso il trasferimento di tecnologia e know how.

Ma tutto deve avvenire nell'ambito di accordi equilibrati e giusti come, ad esempio, il Trattato di Libero Scambio tra l'Unione Europea e il Messico. In altri termini, gli scambi debbono essere reciproci e non favorire uno o pochissimi mercati, come sta avvenendo oggi con la Cina che, ovviamente, fa legittimamente il suo mestiere.L'unica cosa che mi permetto di ricordare ai governanti cinesi è che anche da loro il problema sociale esiste: a fronte, infatti, di una popolazione di un miliardo e 250 milioni, solo 100 milioni di cinesi possono definirsi benestanti. A questo punto che fare?

La prima cosa che mi viene in mente è che i cittadini dei paesi occidentali dovrebbero fare maggiori pressioni sui loro Governi e rappresentanti in occasione dei vari G7, G11, o G20, affinché vengano sottoscritti accordi più equilibrati e reciprocamente soddisfacenti. Purtroppo, l'esperienza maturata durante questi incontri dimostra che spesso i Governanti dei Paesi più potenti del Globo sono per lo più interessati a strappare vantaggi per pochi privati e grandi complessi industriali, tra i quali si trovano in prima fila i produttori di armi. A quanto mi risulta, l'argomento Stato Sociale raramente viene affrontato. Per non dire mai.

Articolo di **Maurizio Miranda**

(Presidente dell'Indo Italian Institute

For Trade and Technology)

Punto Continenti – 12 gennaio 2015

INDIA E L'ECONOMIA DELLA CONOSCENZA

Nell'elaborare la sua Visione Paese orientata al 2000 – 2020, l'India è stata sensibilmente influenzata (e non poteva essere diversamente) dalla consistente evoluzione delle tecnologie dell'informazione e delle comunicazioni avvenuta dalla fine degli anni Novanta. A partire dal 2000, quindi, il ruolo della formazione individuale delle persone e delle aziende ha assunto una valenza strategica. In campo aziendale, l'evoluzione gestionale è diventata sempre più serrata in termini di organizzazione aziendale di prodotto, processo, sistema, clienti, mercato nazionale ed internazionale. Ma l'obiettivo finale è quello di passare velocemente, sia a livello di persone che d'imprese, da un'Economia della Conoscenza ad una Società della Conoscenza. In questo quadro lo sviluppo dell'India è stato impostato essenzialmente su un'economia di servizi. Il terziario ora produce il 50% del PIL, l'agricoltura il 22% e l'industria soltanto il 27% (contro il 46% della Cina).

Detto ciò, occorre riconoscere che l'India si trova ancora per molti versi nel passaggio da un'economia agricola a una industriale che punta, però, sull'utilizzo delle tecnologie informatiche mediante diversi programmi nazionali come, ad esempio, il National Information Infrastructure (NII).

L'India presenta, inoltre, ottime opportunità nell'industria del software e dei servizi con incrementi che sfiorano il 50% l'anno. Già oltre una ventina di anni fa il Ministro delle Finanze indiano A.M.S. Kibria, nel suo discorso relativo al Bilancio 1997- 1998, ebbe modo di dichiarare: "Se c'è una scienza che dominerà il XXI secolo, questa è la l'Information Technology (IT). Se c'è un settore in cui l'India può emergere come leader mondiale, è la tecnologia dell'informazione".

Questa consapevolezza è stata espressa anche dal partito politico che in India deteneva all'epoca la maggioranza, il partito di Bharatiya Janata, ora di nuovo alla guida della Unione Indiana, il quale nel suo manifesto elettorale (del 1998) affermava: "I recenti progressi della tecnologia dell'informazione (IT) hanno confermato quest'ultima come lo strumento più rivoluzionario mai creato nel corso della storia. Essa promette di trasformare ogni aspetto della vita umana e di inaugurare una società futura basata sulla conoscenza [...] L'India ha dimostrato di poter emergere presto come una tra le maggiori potenze mondiali nella IT [...] precisamente, noi [...] proponiamo una politica nazionale dell'informatica con un programma che preveda, nei prossimi dieci anni, di sfruttare pienamente i benefici della IT in ogni sfera della vita nazionale [...] di far comprendere come la IT non sia un lusso, ma l'elemento fondamentale per lo sviluppo futuro [...] di fare dell'India una potenza del software [...] di assicurare, entro il Duemila, computer e risorse per l'educazione informatica in tutte le scuole secondarie del paese".

Intervista a **Paolo Rozera**

(Direttore UNICEF Italia)

Punto Continenti – 10 luglio 2015

UN BAMBINO SU DIECI CONVIVE CON LA GUERRA

Bresciano, sposato con due figli, laureato in Scienze politiche, 49 anni, docente presso la Luiss di Roma, Paolo Rozera dall'inizio del 2015 è il Direttore Generale di Unicef Italia, l'organizzazione internazionale che si occupa di problemi dell'infanzia.

In precedenza è stato Responsabile dell'Ufficio Risorse Umane e Organizzative. Nel 1996 ha organizzato e coordinato il Forum Internazionale della Gioventù in occasione del Summit Mondiale sull'Alimentazione. Tra il 1999 e il 2000 ha collaborato con la FAO (l'Agenzia dell'ONU per l'alimentazione).

Da registrare che il Comitato Italiano per l'Unicef è parte integrante della struttura globale dell'Unicef, il Fondo delle Nazioni Unite per l'Infanzia, l'organo sussidiario dell'ONU che ha il mandato di tutelare e promuovere i diritti dei bambini e adolescenti (0-18 anni) in tutto il mondo, nonché di contribuire al miglioramento delle loro condizioni di vita.

Dal 1974 il Comitato Italiano opera in Italia a nome e per conto dell'Unicef, sulla base di un Accordo di Cooperazione stipulato con l'Unicef Internazionale. Per capire un po' meglio la reale situazione dell'infanzia in questo difficile momento storico abbiamo posto alcune domande a Rozera.

Nell'ambito di tutte le tragedie attraversate dall'umanità in questo momento (guerre, terrorismo, fame, sfruttamento sul lavoro, ecc.) la situazione dell'infanzia è certamente quella più delicata. Ci può dare una fotografia complessiva di questa situazione nel mondo?

Il momento storico che stiamo affrontando è molto difficile, soprattutto per i più piccoli. Pensi che oggi nel mondo più di 1 bambino su 10 vive in paesi o aree colpite da conflitti armati, questo significa che in media sono 230 milioni: un numero altissimo.

Da disastri naturali fatali, ai conflitti violenti, alle epidemie, oggi i bambini nel mondo si trovano ad affrontare una nuova generazione di crisi umanitarie. Ad esempio, in Siria e nella regione le vite di oltre 7,6 milioni di bambini sono state da oltre quattro anni colpite da violenza e morte.

Questi bambini sono stati lasciati fuori dalle cose fondamentali della loro vita, come la salute, l'istruzione e la protezione. Sono stati negati loro i diritti fondamentali per una guerra che non hanno deciso di vivere.

In Sud Sudan, in solo tre settimane a maggio, circa 129 bambini dello Stato di Unity sono stati uccisi. I sopravvissuti hanno raccontato solo alcune delle violenze terribili perpetrate su quei 129 innocenti.

Non ci dobbiamo dimenticare però che ci sono bambini in difficoltà anche a pochi passi da casa nostra, come in Ucraina, dove dall'inizio del conflitto sono stati uccisi oltre 240 bambini.

Questi sono solo alcuni esempi, alcuni dati che ho voluto riportare perché l'attenzione verso queste emergenze non si abbassi, perché nessun bambino venga lasciato senza assistenza umanitaria.

Oltre ad assistere i bambini sul campo, l'Unicef svolge anche un'attività di pressione sui governi nazionali per il raggiungimento di obiettivi precisi? In che modo e con quali risultati?

La diffusione della cultura dell'infanzia e il rafforzamento del consenso intorno all'attuazione dei diritti dell'infanzia e dell'adolescenza sono il principale impegno delle azioni di advocacy dell'Unicef. Per il Comitato Italiano dell'Unicef realizzare queste attività significa innanzitutto promuovere e partecipare al cambiamento della società nel suo insieme per i diritti dell'infanzia, a favore della costruzione di un mondo a misura di bambini e adolescenti.

Sin dalla sua nascita l'Unicef in Italia ha avuto l'ambizione di sviluppare tutte le possibili sinergie tra le attività di raccolta fondi a sostegno dei progetti dell'Unicef internazionale e l'attività di promozione di una cultura dei diritti dell'infanzia e dell'adolescenza nel nostro Paese e nel mondo.

　　Radio e TV a un bivio

Tutte le attività portate avanti hanno come quadro di riferimento i principi e le indicazioni riportate nella Convenzione sui Diritti dell'Infanzia e dell'Adolescenza.

Questa è un'azione trasversale su diversi livelli di applicazione: quello internazionale, quello nazionale, il regionale e il locale. Fondamentale, inoltre, la costruzione di reti con tutti coloro che condividano gli stessi principi, gli obiettivi e i metodi sia che appartengano al mondo delle Istituzioni così come della società civile.

In tutti i paesi lavoriamo a stretto contatto con i Governi per fare in modo che i bambini siano al centro delle agende politiche nazionali, perché i loro diritti vengano riconosciuti e rispettati.

All'interno dell'enorme problema dell'immigrazione c'è la drammatica situazione dei bambini che arrivano senza i genitori. Come affrontate questo problema?

Ritorniamo alla questione della vicinanza, dei diritti dei bambini negati solo a pochi passi dalle nostre case. Iniziamo col ricordare che nel mondo oggi sono circa 35 milioni i migranti internazionali sotto i 20 anni che rappresentano circa il 15% della popolazione migrante totale.

Come Unicef sosteniamo una migrazione efficiente e ben gestita, diritto di asilo e politiche di frontiera, nel pieno rispetto dei diritti fondamentali, in particolare dei bambini, come previsto nella Convenzione sui Diritti dell'infanzia e dell'adolescenza. Proprio per questo, noi richiediamo a tutti gli Stati politiche per una migrazione inclusiva e sostenibile.

Tutti i bambini migranti, rifugiati o richiedenti asilo, in particolar modo quelli non accompagnati o separati dalle proprie famiglie, sono vulnerabili a sfruttamento e abuso, sia durante il transito sia una volta arrivati nel paese di destinazione.

Le azioni dei governi non dovrebbero quindi nuocere ulteriormente al benessere di questi bambini e delle loro famiglie, considerando che hanno già dovuto affrontare considerevoli pericoli durante il viaggio.

Questi bambini dovrebbero avere lo stesso accesso ai servizi di base di tutti gli altri bambini e adolescenti nei paesi di transito e di destinazione. Dovrebbero vedere riconosciuto il diritto ad accedere ad assistenza sanitaria, istruzione e sostegno sociale, perché questi servizi possono contribuire a sostenere la loro sopravvivenza e benessere.

L'Unicef Italia, attraverso l'azione di advocacy, promuove politiche e pratiche che garantiscano il superiore interesse di tutti i bambini, in particolar modo i più vulnerabili, come quelli coinvolti nelle migrazioni.

Inoltre, in alcuni dei Comuni italiani in cui sono presenti bambini migranti e le loro famiglie i nostri volontari stanno svolgendo attività di sostegno attraverso la raccolta e la distribuzione di beni di prima necessità proprio per garantire loro aiuto nelle condizioni delicate in cui si trovano.

Quali sono oggi le priorità assolute dell'Unicef nel mondo e in Italia?

Per l'Unicef c'è una sola priorità assoluta, per la quale lavoriamo ogni giorno con grande impegno, rispetto e passione: il benessere dei bambini in tutto il mondo.

All'inizio di quest'anno la nostra risposta alle emergenze globali comprendeva diversi interventi, ne cito solo alcuni: curare 2,7 milioni di bambini dalla malnutrizione acuta grave; vaccinare 13,6 milioni di bambini contro il morbillo; fornire a 34,3 milioni di persone accesso all'acqua sicura; proteggere 2,3 milioni di bambini garantendo loro sostegno psicosociale; aiutare quasi 5 milioni di bambini a ricevere un'educazione formale e non formale; fornire a 257.000 persone accesso alle informazioni su HIV e AIDS; controlli e terapia; raggiungere 395.000 persone con assistenza in denaro.

Il contesto è però evoluto, perché a questi grandi e importanti obiettivi se ne sono aggiunti altri, sono scoppiate nuove emergenze, come per il Nepal ad aprile, a causa dei due terremoti che si sono abbattuti sul paese o in Yemen, dove le violenze continuano ad acuirsi coinvolgendo anche i bambini.

Vede quando un'emergenza è in corso i numeri delle vittime e delle persone coinvolte cambiano di giorno in giorno. Sono poche, purtroppo, le buone notizie che ci arrivano in termini di grandi numeri, allo stesso tempo, però, anche storie positive: bambini che guariscono dalla malnutrizione, o paesi in cui si è riusciti a coinvolgere quante più donne in gravidanza in programmi per la prevenzione della trasmissione del virus dell'HIV al proprio bambino, o aiuti che come Unicef abbiamo potuto distribuire alle popolazioni che hanno urgente bisogno. Queste storie, diventano per noi dei fari che tengono sempre vivo il nostro ultimo obiettivo, lavorare per sostenere i bambini in difficoltà e garantire loro un futuro sostenibile.

Come si presenta oggi la situazione dell'infanzia in Italia?

La situazione in Italia per i bambini è molto delicata, soprattutto se parliamo in termini di povertà. La crisi ha inciso abbondantemente sul loro futuro. Secondo l'ultimo Rapporto dell'Unicef sul Benessere dei bambini nei paesi ricchi 'Report Card 12', l'Italia si colloca al 33° posto su 41 paesi dell'Unione Europea e/o dell'OCSE, nella terza fascia inferiore della classifica sulla povertà infantile.

Per quanto riguarda la riduzione del reddito dei nuclei familiari dal 2008 al 2012, l'Italia ha perso 8 anni di potenziali progressi economici. Troppi bambini italiani vivono in condizioni di grave deprivazione materiale, cioè, in famiglie che non sono in grado di permettersi almeno quattro delle nove voci seguenti:

1) pagare l'affitto, il mutuo o le utenze;

2) tenere l'abitazione adeguatamente riscaldata;

3) affrontare spese impreviste;

4) consumare regolarmente carne o proteine;

5) andare in vacanza;

6) possedere un televisore;

7) possedere una lavatrice;

8) possedere un'auto;

9) possedere un telefono.

La situazione è ancora più difficile per quanto riguarda i giovani che non studiano, non lavorano e non seguono corsi di formazione (NEET): l'Italia è al 37° posto su 41 paesi nella classifica relativa, quasi alla fine. Sintomo e concausa anche dell'aumento della disoccupazione giovanile. Per via della crisi, molti paesi ricchi hanno fatto 'un grande passo indietro' in termini di reddito e le conseguenze avranno ripercussioni a lungo termine per i bambini e le loro comunità.

Il nostro Rapporto mostra che la forza delle politiche di protezione sociale sarebbe stata un fattore decisivo per prevenire la povertà. Tutti i paesi hanno bisogno di forti reti di sicurezza sociale per la protezione dei bambini, sia durante congiunture negative, sia durante quelle positive.

I Paesi ricchi dovrebbero fare da esempio impegnandosi esplicitamente per eliminare la povertà infantile, sviluppando politiche per controbilanciare la regressione e facendo del benessere infantile la prima priorità.

Anche in virtù di questa situazione, siamo impegnati in Italia attraverso il programma *"Italia Amica dei Bambini"* per la piena attuazione della Convenzione sui diritti dell'infanzia e dell'adolescenza. Il concetto di amicizia indica una visione e una metodologia che riconosce la soggettività dei bambini e degli adolescenti, che sono cittadini attivi e hanno il diritto di partecipare ai processi decisionali che li riguardano.

Il programma *Italia Amica dei bambini* comprende diversi ambiti di intervento: *Città Amiche dei bambini* per coinvolgere in un processo partecipativo tutti i soggetti interessati delle comunità: le autorità locali, la società civile, gli esperti, le comunità e, in particolar modo, le bambine e i bambini; *Sport Amico dei bambini* per promuovere azioni e stili di vita sani, fondati sulla salute, fisica, mentale e psicologica dei bambini attraverso sport, svago e attività ricreative; *Scuola Amica dei bambini*, per la promozione nelle scuole di progetti mirati a dare attuazione ai principi e ai diritti contenuti nella Convenzione sui diritti dell'infanzia e dell'adolescenza.

Siamo presenti anche nelle Università, attraverso corsi ad hoc realizzati dai diversi comitati Unicef presenti sul territorio italiano, per promuovere le tematiche e i problemi dell'infanzia nel mondo; e negli Ospedali e nelle Asl con il progetto *Ospedali Amici dei bambini* per la promozione dell'allattamento materno, che ha già coinvolto 60.000 neonati e le loro madri. Il futuro dei nostri bambini, inizia anche da qui.

Articolo di **Stefano Schembri**

(Studioso di politica internazionale)

Punto Continenti – 31 luglio 2014

Furono reali o pilotate le rivoluzioni colorate nell'ex URSS?

Nell' esaminare la grave crisi che negli ultimi mesi ha investito l'Ucraina occorre necessariamente volgere lo sguardo indietro di almeno quindici anni. Infatti, con l'inizio del III millennio, una serie di rivoluzioni colpì alcuni Paesi dell'ex Unione Sovietica. Queste rivoluzioni hanno seguito modalità molto simili, portando a esiti altrettanto analoghi.

I vari regimi politici di Serbia, Georgia, Ucraina e Kirghizistan, hanno dovuto lasciare il passo a 'rivolte democratiche', non violente, nate apparentemente dal basso, per il desiderio di una maggiore libertà e democrazia contro le corruzioni delle dittature-mascherate al potere. Ma uno sguardo globale degli eventi, e un pizzico di teorie cospirative, ha portato alcuni studiosi geopolitici a trarre conclusioni diverse. Si è visto, nella lunga serie di analogie fra le varie rivoluzioni, e nel breve lasso di tempo in cui si sono svolte, una sorta di 'pianificazione invisibile', attribuibile a potenze esterne, presumibilmente filo-occidentali ed anti sovietiche.

Queste teorie geopolitiche non sono tuttavia nuove, anzi, sono storicamente comprovate da strategie realmente applicate nel passato. Così come nel XIX secolo l'Inghilterra, potenza mondiale dominante, s'impegnava attivamente nel ridurre l'influenza russa nell'Eurasia (specie dopo che le conquiste russe nell'impero ottomano le avevano aperto le porte del Mediterraneo e del mar Nero) costituendo una forte minaccia al *power of balance* britannico, allo stesso modo nel XX e XXI secolo possiamo vedere che tale compito verrà svolto con ancor maggior vigore dagli Stati Uniti.

Nel suo libro *Next Decade*, il politologo americano George Friedman fa una brillante analisi dei comportamenti che la *superpotenza* americana deve tenere per conservare il suo status.

Per quanto concerne la Russia specifica che il presidente degli Stati Uniti deve adoperarsi in ogni modo affinché si eviti un avvicinamento fra Russia ed Europa, specialmente fra Russia e Germania. Tale ipotesi costituirebbe una minaccia economica, demografica e tecnologica agli USA, che andrebbe scongiurata limitando l'espansione russa attraverso alcuni Stati chiave per la loro posizione geografica in Europa, come la Polonia e l'Ucraina (dando per scontata la forte influenza russa in Bielorussia). Per lo studioso è altrettanto importante tenere un piede anche nel Caucaso, in particolare in Georgia, Armenia e Azerbaijan onde evitare un rischioso avvicinamento fra Russia e Turchia, ora possibile per la dipendenza di quest'ultima dal petrolio russo. Come vedremo, parte dei Paesi citati sono effettivamente finiti nelle strategie americane.

Sulla base di queste ed altre considerazioni, taluni studiosi presumono che le cosiddette *rivoluzioni colorate* siano orchestrate dal mondo occidentale. Gli Stati Uniti avrebbero finanziato e sostenuto le correnti politiche rivoluzionarie facilitandone l'arrivo al potere, mentre allo stesso tempo avrebbero provveduto a creare una serie di associazioni e di ONG (come la USIP, la NED, la USAID ecc.) che presentandosi come garanti della democrazia avrebbero segretamente risposto alle direttive della CIA.

Possiamo quindi guardare alle rivoluzioni colorate con tre diversi livelli di analisi:

1. livello individuale: vincente connubio fra personalità autorevoli e intellettuali (Kostunica, Sakashvili, Juščenko e Bakiyev) e personalità passionali (Yulia Tymoshenko, Maric, Lazendic, e i vari movimenti studenteschi), uniti contro i freddi autoritarismi privi di concessioni, dei precedenti leader filo-russi (Milošević, Janukovyc, Sevardnadze, ecc.)
2. livello di Stato e società: Stati revisionisti per anni sotto la dipendenza e forte influenza russa che ora cercano di ottenere maggiore indipendenza e democrazia allineandosi alle potenze occidentali.
3. livello sistemico: una sorta di continuum della guerra fredda, nella lotta per le sfere d'influenza fra occidente e mondo sovietico.

Prima di analizzare singolarmente le rivoluzioni colorate di Serbia, Georgia, Ucraina e Kirghizistan possiamo evidenziare alcune forti similitudini in gran parte valide per tutti i casi.

I movimenti di protesta:

– sono formati prevalentemente da gruppi studenteschi;

– si professano anti sovietici ed in favore delle democrazie;

– si ispirano ai testi dell'intellettuale statunitense Gene Sharp;

– fanno uso di merchandising e di simbologie affini (come i pugni chiusi):

– danno alle rivoluzioni nomi simili di fiori o colori (rivoluzione delle rose, rivoluzione dei tulipani, rivoluzione arancione, ecc);

– usano slogan brevi e concisi come Gotov! *(È finito!)* in Serbia, Pora! *(È l'ora!)* in Ucraina, Kmara! (*Ne abbiamo abbastanza!*) in Georgia;

– riscontrano il sostegno e la simpatia dei media internazionali;

– nascono a seguito della denuncia di brogli elettorali;

– proseguono con manifestazioni pacifiche nelle piazze principali.

I governi che vengono al potere con le rivoluzioni:

a) portano al congelamento dei rapporti con la Russia e all'avvicinamento a NATO e Stati Uniti;

b) aprono le economie nazionali al mercato estero e alle privatizzazioni;

c) vengono rovesciati pochi anni dopo, con il ritorno di regimi filo russi.

Rivoluzione dei Bulldozer, Serbia 2000. La rivoluzione Serba del 2000 prende il nome dai bulldozer che migliaia di minatori hanno usato per assaltare il Parlamento, ancor prima dell'esito delle elezioni che porteranno al governo Vojislav Kostunica, decretando la fine di Slobodan Milošević. Durante il governo Koštunica verranno installate basi militari americane in Kosovo, rendendo questa provincia indipendente dalla Serbia. Il movimento protagonista della rivoluzione era l'Otpor! (Resistenza!). Fra i suoi membri vi erano Aleksandar Maric e Tanko Lazendic, due personaggi che pochi anni dopo verranno accusati dai Presidenti di Ucraina e Bielorussia (rispettivamente Kouchma e Lukaschenko) di essere "istigatori di un colpo di stato" e dei "pericoli pubblici".

Lazendic ha di recente affermato che, dopo che l'Otpor! ha rovesciato Milosevic, rendendolo celebre nel mondo intero, lo hanno contattato organizzazioni di tutti i paesi dell'Europa dell'est. Maric, ha invece ammesso di avere avuto legami diretti con la Casa Bianca e di ricevere finanziamenti dalla Ong Usaid. Qualche anno dopo l'Ong americana Freedom House ha assunto Lazendic e Maric come consiglieri speciali per i movimenti giovanili in Ucraina allo scopo ufficiale dello 'sviluppo della società civile'. Alle elezioni del 2008 Kostunica non viene rieletto, e lasciò il posto a Mirko Cvetkovic, al quale nel luglio del 2012 subentrò come primo ministro Ivica Dacic.

Recentemente la rottura dell'accordo di coalizioni del governo ha posto fine al dominio di Dačić. Il 16 marzo 2014 si sono tenute le elezioni parlamentari anticipate. Esse hanno visto la vittoria del SNS (partito Progressista Serbo) e l'elezione del suo leader Aleksander Vucic come nuovo primo ministro.

Rivoluzione delle Rose, Georgia 2003. Nel 2003 è la volta della Georgia. Alle accuse di brogli elettorali indirizzate al Presidente Edouard Sevardnadze (ex ministro degli esteri dell'Unione Sovietica durante l'era di Michail Gorbaciov), si accompagnano rivolte di piazza che portano moltissime persone, guidate dal movimento Kmara, nelle piazze di Tiblisi. Alle dimissioni di Sevardnadze seguono le elezioni del 4 gennaio 2004 che registrano l'imponente vittoria di Michail Sakashvili, con il 96% dei voti validi! Il governo Sakashvili si mostrerà ancora più filo-americano di quello di Koštunica in Serbia, muovendo richieste di adesione alla NATO e all'UE.

L'allontanamento dalla Russia diviene ancor più chiaro quando nel 2008 viene bombardata la regione dell'Ossezia del Sud, dove sono presenti molti russi. La reazione di Putin non si fa attendere, costringendo l'esercito georgiano ad indietreggiare. La vera vittoria per la Russia si avrà recentemente, con l'elezione a Primo Ministro del mecenate filo-russo Bidzina Ivanishvili che chiude la parentesi filoatlantica di Sakashviliv e della Rivoluzione delle Rose accusata di non aver portato al promesso aumento della democrazia (con la repressione delle manifestazioni di protesta, la chiusura delle tv dell'opposizione, ecc.). Nel 2013 le elezioni presidenziali che hanno visto la vittoria del candidato Giorgi Margvelashvil, mentre primo ministro è diventato Irakli Garibashvili.

Rivoluzione Arancione, Ucraina 2004. Come già detto, anche la grave crisi politica che in questo momento attanaglia l'Ucraina trae origine nelle rivolte colorate. Come in Georgia, infatti, le elezioni presidenziale del filo-russo Viktor Janukovyc è stata infangata da accuse di brogli elettorali. Quindici giorni di grande partecipazione popolare non-violenta nelle piazze di Kiev, hanno portato la Corte Suprema Ucraina ad invalidare le elezioni, e ad indirne delle nuove per il 26 dicembre 2004. Da registrare che il movimento di protesta Pora! venne finanziato da George Soros, miliardario di origine ungherese naturalizzato americano. Salutato positivamente dai media internazionali e da organizzazioni come OCSE, NATO, Consiglio d'Europa e Parlamento Europeo, il ritorno alle urne portò alla vittoria dell'occidentale Viktor Juscenko, leader della Rivoluzione Arancione insieme alla sua compagna di partito Julija Tymošenko.

Secondo alcuni esperti il governo degli Stati Uniti avrebbe speso 65 milioni di dollari per finanziare la 'rivoluzione arancione' e che i risultati di tale 'investimento' siano stati la costruzione di una superpipeline che, attraverso l'Ucraina, ha portato sui mercati occidentali il gas e il petrolio del bacino Caspico, bypassando la rete di oleodotti e gasdotti controllati da Mosca. Un'operazione che nulla aveva a che vedere con le promesse di democrazia, libertà e benessere per il popolo ucraino che, anzi, subì un vertiginoso aumento del costo della vita. Nel 2009 il mandato presidenziale di Juščenko non venne rinnovato dai cittadini ucraini che alle elezioni lo bocciarono con un misero 5% di voti, favorendo il ritorno di Janukovyč. Ancor peggiore è stato l'esito del primo ministro Julija Tymošenko, che, accusata di corruzione, nel 2011 viene arrestata.

Il resto è storia d'oggi. Nel 2012 la Corte Suprema dell'Ucraina ha confermato la condanna di sette anni per la Tymosenko mentre la Corte Europea dei diritti dell'uomo ha ritenuto illegale la sua detenzione. A seguito di forti pressioni popolari nel febbraio del 2014 la Tymosenko è stata scarcerata e il Presidente Janukovyc costretto alle dimissioni. L'attuale Presidente è il ricchissimo imprenditore Petro Poroshenko mentre il primo ministro ad interim è Arsenij Jacenjuk.

Rivoluzione dei Tulipani, Kirghizstan 2005. La Rivoluzione dei Tulipani, ricordata anche come Rivoluzione Rosa, portò alle dimissioni del presidente Askar Akayev, a seguito di una fuga nell'ambasciata Kirghiza a Mosca. Diversamente dalle rivoluzioni già citate, il movimento Kelkel dell'opposizione kirghisa, ha incluso nelle proteste alcune derive violente (causando qualche morto). Tuttavia anche nel caso del Kirghizstan, la causa primaria sono le accuse di brogli elettorali riguardanti le elezioni parlamentari del 27 febbraio e del 13 marzo 2005. I brogli furono confermati dagli osservatori dell'OCSE, e nella ripetizione delle elezioni il protagonista della Rivoluzione dei Tulipani, Kourmanbek Bakiev ha ottenuto una netta vittoria con l'88,9% dei consensi. Durante il suo mandato Bakiev venderà le poche risorse del suo paese a società americane, favorendo anche l'installazione di una base militare a Manas. Nel 2010 una nuova rivolta popolare porta alle dimissioni di Bakiev, che verrà sostituito alla presidenza da Roza Otunbayeva. Il 3 luglio 2010 Roza Otunbayeva giurò come Presidente della Repubblica e anche come Capo di governo. Nel 2011 la Otunbayeva non si ripresentò alle elezioni spianando la strada a Almazbek Atanbayev, presidente del partito socialdemocratico Kirghiso.

Altri tentativi di rivoluzioni. Da notare che oltre alle quattro rivoluzioni citate vi sono stati altri tentativi di rivoluzioni che però sono morte sul nascere: in Azerbaijan (2005), in Mongolia (2005), e soprattutto in Bielorussia con il movimento Zubr e la cosiddetta *'Rivoluzione dei Jeans'* (basta il nome per capirne l'orientamento filo-americano). Tuttavia la Bielorussia ha saputo reprimere sul nascere queste proteste, grazie al suo forte apparato statale, vietando le ONG ed espellendo i rivoluzionari. Anche in Russia stessa, Putin ha dovuto provvedere a reprimere il movimento Oborona, ma come possiamo immaginare, non è stata una battaglia particolarmente ardua. Secondo alcuni, anche i processi che hanno portato alle rivoluzioni delle *Primavere Arabe* seguono direttive occidentali, seppur si differenzino dalle Rivoluzioni Colorate citate per determinate caratteristiche, di cui la principale è l'uso della violenza, che ha portato in alcuni casi (Libia, Siria ecc.) a vere e proprie guerre.

Considerazioni finali. Nel complesso, fra rivoluzioni represse sul nascere, e rivoluzioni durate pochi anni, possiamo dire che con la fine nel 2007 del mandato di Sakashvili in Georgia, può considerarsi concluso il periodo delle rivoluzioni colorate. E' difficile dire se la parentesi occidentale abbia portato a questi paesi quei miglioramenti promessi, dal punto di vista della libertà, della democrazia e del tenore di vita, ma considerato che nessun governo ha goduto, per più di un mandato, dell'appoggio di coloro che erano scesi in piazza per portarlo al potere, viene da pensare che si è rimasti quantomeno alle stesse condizioni di un decennio fa. Metaforicamente, dunque, come i Gelsomini della mancata Rivoluzione Cinese, anche i fiori delle rivoluzioni colorate (le rose della Georgia e tulipani del Kirghizstan) possono considerarsi, ormai, appassiti.

Articolo di **Roberto Spagnuolo**

(Studioso delle politiche sociali e del lavoro)

Punto Continenti – 8 luglio 2015

CASO GRECIA INSEGNA: CI VUOLE
UNA BANCA SUPER PARTES

Forti sono state le critiche alla vigilia del *referendum* greco, circa i possibili, terribili, risvolti che una vittoria del NO avrebbe comportato, con tutte le conseguenze e responsabilità che solo il popolo avrebbe subìto, "in ragione della propria irragionevolezza". Infatti, speculatori finanziari, armatori, governi e politici accondiscendenti (volenti o nolenti in quanto sotto il ricatto di licenziamenti di massa) hanno beneficiato del lassismo programmatico che pur vi è stato.

Tutti, incapaci (o piuttosto nolenti) di progettare un modello di crescita del paese e dell'UE diverso da quello standardizzato e imposto dall'esterno, ma che avrebbe potuto essere, sicuramente, più proficuo nel medio-lungo termine, se opportunamente attuato nelle proprie riforme di base sociali ed economiche.

Certo una politica del genere non sarebbe stata in linea con i *desiderata* vigenti sullo *status quo* ben più favorevole alle grandi rendite di posizione che, per comprovata definizione, sono sterili in funzione dello sviluppo.

Il popolo greco è divenuto così potente da far fallire l'euro, non gli interessi finanziari e politici, locali e internazionali, non una politica di sviluppo dell'UE improntata unicamente sulla crescita commerciale slegata dal corrispondente adeguamento delle esigenze sociali che un tale sviluppo deve comportare.

Il popolo greco carica così sulle proprie spalle "il rischio di uscire dall'euro", peccato che nessuno gli abbia detto chiaramente, a tempo debito, quale fosse il rischio entrando nell'euro, perché i vantaggi sono stati solo per pochi 'eletti'.

Non esistono modelli di crescita alternativi a quelli imposti nell'UE solo per le menti mono-strutturate od operanti con dolo, perché vi è sempre una scelta alternativa, certamente con conseguenze, ma opportunamente distribuite in modo più equo tra gli operatori.

Banche e accordi commerciali internazionali non sono affatto responsabili, eppure vi è ora chi propone un modello alternativo al salvataggio 'a prescindere', attuato fino ad ora a favore delle banche fallite e a spese degli Stati (cioè dei popoli), come, ad esempio, una posizione di garanzia di una Banca *super partes* (statale o *cross* paesi Ue, a scelta del lettore) che invece di salvare le banche dal fallimento le guidi nel chiedere rapidamente una procedura di chiusura e piloti verso altre banche più virtuose i creditori (specie se piccole e medie imprese o cittadini europei), lasciando che il mercato stesso premi i gestori finanziari più meritevoli ma secondo procedure garantite dall'alto e create nell'ottica di salvaguardare l'economia reale, così da renderla indipendente dalle vicende finanziarie non generate dalla medesima.

Una Europa che propone una visione alternativa a quella dei gruppi finanziari internazionali o a quella emersa da meri equilibri formali, sarebbe di sicuro più vicina all'obiettivo di un'unione politica, perché questa volta sarebbe chiesta dalle società stesse, legate da problemi e soluzioni comuni e non divise da imposizioni e soluzioni settoriali: per un economista o un ragioniere è bello leggere una progressione statistica che tende ad un debito/Pil del 57% ed un deficit/Pil dell'1,9%.

L'aspetto non economico non ha importanza perché è *extra* contesto, come ad esempio, l'assenza di assistenza sanitaria per chi non ha un reddito o la mancanza di istruzione e formazione per entrare, rimanere o rientrare nel mondo del lavoro.

Il realismo politico dovrebbe essere parte della classe dirigente (sia greca che europea) e guardare con occhio critico a quali sbocchi possa offrire il modello di sviluppo attuale in chiave di sostenibilità sociale, perché l'alternativa esiste, per chi vuole cercarla, con tutte le conseguenze che comporta, senza scorciatoie ma pagando il prezzo di una maggiore libertà per la propria autodeterminazione e facendosi carico, all'occorrenza, anche di riformare e reimpiegare 250 mila lavoratori ma questa volta solo a beneficio del paese, grazie a politiche di sviluppo diverse nei valori sociali di base.

Chiaramente non possono essere solo quantitativi gli indicatori riferiti alla crescita del nuovo modello, perché le società di capitali creano ricchezza quantitativa (ed è giusto che sia così) ma hanno obiettivi diversi dalle società di persone, la cui ricchezza prodotta ha come unità di misura la relazione solidale.

Occorre dunque intelligenza politica e coraggio delle proprie azioni da parte della classe dirigente, qualunque essa sia, capace di adattarsi ai mutamenti sociali per garantire continuità ad una crescita equilibrata, coniugandone la sostenibilità non solo economica ma anche sociale.

Articolo di **Pietro Spagnuolo**

(Giornalista impegnato nel Welfare)

Punto Continenti – 22 aprile 2015

PROVIAMO A CREDERE NELL'EUROPA

Ho appreso con piacere su Punto Continenti che un gruppo di persone ha deciso di approfondire la delicata quanto ineludibile questione della nascita di un nuovo Stato Sociale. Del resto di Welfare mi sono occupato in passato anche professionalmente e condivido l'impostazione che è stata data al problema, soprattutto per quanto riguarda la necessità di creare una via e un'economia alternativa per soddisfare quelle che sono state individuate come le sette esigenze prioritarie (lavoro, nutrirsi e vestirsi, avere un tetto, curarsi, istruirsi, difendersi legalmente e avere una corretta informazione), nell'ambito di uno Stato Sociale che è cosa ben diversa da uno Stato Assistenziale.

Mi riprometto, quindi, di leggere con molta attenzione le prossime pubblicazioni sull'argomento annunciate dalla REA per poi esprimere alcuni personali suggerimenti. Nel frattempo mi limito a esporre una breve riflessione. Riformare il sistema? Non sarà facile fare opera di persuasione su persone oggi avvezze a un tenore di vita più che soddisfacente. Il benessere di cui finora ha goduto il mondo occidentale (Paese più Paese meno) è sostanzialmente derivato, in buona parte, dal malessere dei Paesi del terzo e quarto mondo. Si veda a tal fine quanto furiosamente questi ultimi oggi aspirino a conquistarselo questo benessere, e a quali costi.

"La ricchezza delle Nazioni" oggi si deve coniugare come ricchezza del mondo intero (grazie alla globalizzazione) e chiunque volesse cominciare a ripartirla equamente, dovrebbe accettare di cambiare radicalmente anche le proprie (cattive?) abitudini.

Tutto ciò non sarà proprio facile perché, come dicono i filosofi, le abitudini, anche le peggiori, generano la fede. Intanto, però, assistiamo ad eventi di tragicità inaudite che si propongono come affermazione, per non dire trionfo, dell'egoismo umano (se ancora di uomini si deve parlare). Nella Repubblica sudafricana è scoppiata la caccia allo straniero, con morti bruciati vivi, perché stranieri indotti dalla miseria a cercare lì i più miseri mezzi per sopravvivere. Perciò sono stati considerati rei di 'rubare il lavoro e il pane agli autoctoni' (?).

Questo certo non può accadere nella civilissima Finlandia. Tuttavia le recenti elezioni hanno visto affermarsi anche in questo Paese schieramenti politici tutt'altro che motivati da programmi solidaristici, di fronte a prospettive di robusti tagli alla spesa pubblica e di ridimensionamento degli standard del loro stato sociale. Perciò la Grecia può andare tranquillamente 'in default' (dire 'a fondo' sarebbe politicamente scorretto).

Un nuovo Stato sociale doveva essere prospettato e proposto in termini sovranazionali (europei) ma finora in Europa hanno prevalso l'idea, la filosofia, la cultura e l'etica protestante (*absit iniuria verbis*), tutte per carità degnissime di rispetto, ma assolutamente incapaci di concepire interventi solidaristici diversi dalle comuni forme di elemosina.

Comunque, indipendentemente dalle sue profonde lacune e manchevolezze, appare sempre più conveniente credere nell'Unione Europea come unica possibile soluzione a questo tremendo intreccio di problemi interni ed internazionali.

Punto Continenti – 2 novembre 2015

IN GUATEMALA VINCA
LA RIVOLUZIONE DEI CITTADINI

É forse l'epoca in cui i molti politici sono diventati comici (per non dire patetici) mentre i veri comici diventano politici. Dopo Grillo in Italia un altro comico è diventato non solo un politico ma addirittura il Capo dello Stato. Parliamo di Jimmy Morales, eletto recentemente Presidente del Guatemala.

Per parlare di questo 'fenomeno' e presentare il nuovo volto del Guatemala (uscito da un passato caratterizzato da una feroce guerra civile) abbiamo intervistato Alfredo Trinidad, ex Ambasciatore a Roma ed ex Presidente dell'Istituto Italo Latino Americano. In passato Trinidad è stato anche due volte vice Ministro degli esteri e ha occupato diversi incarichi statali e universitari, nonché ruoli importanti in organismi internazionali coma la Fao e il Fondo Internazionale per lo Sviluppo Agricolo. É stato, poi, anche il rappresentante del Guatemala all'Expo di Milano.

Attualmente Trinidad è impegnato a Città del Guatemala con le riforme dello Stato nell'ambito di centri di ricerca, ordini professionali e all'interno della Piattaforma Nazionale per la riforma dello Stato, organismo promosso dalle più autorevoli Università del Guatemala.

A questa Piattaforma hanno aderito le nove Università Statali del Guatemala, coordinate dal Rettore Magnifico della storica (oltre trecento anni) Università di San Carlo. In Italia Trinidad si è distinto per un grande lavoro di coordinamento tra l'Ambasciata, gli uffici consolari (anche quelli onorari) e il mondo delle imprese italiane.

Nel corso della sua campagna elettore Jimmy Morales aveva lanciato lo slogan "Vi ho fatto ridere come comico, non vi farò piangere come Presente". Secondo lei sarà così?

C'è una realtà nel contesto guatemalteco chiamata 'Rivoluzione dei cittadini' che si è espressa nelle principali piazze dei capoluoghi di provincia, da sabato 25 Aprile 2015 fino al 29 agosto (prima del primo e del secondo turno delle elezioni) che ha provocato inizialmente le dimissioni della Vice Presidente Roxana Baldetti (8 maggio) e poi la rinuncia del Presidente Otto Pérez Molina.

Tutto ciò ha innescato un processo di riforma del sistema politico. Il margine di manovra per garantire la governabilità del Presidente eletto Jimmy Morales dipende dalla sua capacità di mantenere le promesse in materia di lotta alla corruzione e all'impunità. "Né corrotto, né ladro" è stato, infatti, uno dei suoi slogan in campagna elettorale.

Anche in Italia un comico, Beppe Grillo, ha rivoluzionato la politica creando il Movimento 5 Stelle che è diventato il secondo partito italiano. Secondo lei ci sono delle analogie tra le due realtà e i due personaggi?

L'unica somiglianza esistente è che Beppe Grillo capitalizza come Jimmy Morales il malcontento dei cittadini contro i sistemi politici esistenti. In Guatemala, al cospetto di un sistema politico dominato da gruppi illegali e apparati clandestini di sicurezza, che hanno operato come reti di scambio basati su fondi pubblici, è nato un movimento di cittadini, composto prevalentemente da giovani, in una maniera molto simile alla *primavera egiziana*. Dalla rete sociale il movimento si è esteso a 22 piazze di 22 Province. Il Presidente eletto Jimmy Morales è un prodotto del movimento dei cittadini.

Quali sono i maggiori problemi che nei prossimi mesi il Guatemala dovrà affrontare?

Tra le molte sfide c'è anche la tenuta e la rappresentatività del partito del Presidente, il 'Frente de Convergencia Nacional', presente nel Congresso della Repubblica con soli 11 deputati in rappresentanza del 7% dei voti. Le sfide principali sono: l'approvazione del bilancio generale della Nazione (per il periodo 2016) e le riforme della legge elettorale e dei partiti politici, nonché la legge sugli appalti e sul servizio civile dello Stato.

Poi c'è la situazione riguardante il bilancio dello Stato. Il Guatemala è il paese con la tassazione più bassa dell'America Latina: 11,3 %. Inoltre, il Paese registra i peggiori livelli di sviluppo sociale; più della metà della sua popolazione (56%) vive in condizioni di povertà, il 16% in condizioni di estrema povertà. In un certo senso, gli accordi di pacificazione nazionale hanno tracciato dei percorsi che il Paese dovrebbe seguire per superare queste condizioni, ma debbono essere assunti come impegni dello Stato.

Non c'è dubbio che la grande corruzione politica che ha travolto l'ex Presidente Otto Perez Molina ha favorito la vittoria del uomo venuto dal nulla. Però l'onestà è importante ma non sufficiente. Fino a che punto Morales è anche preparato?

Il Presidente Jimmy Morales deve confrontarsi con i processi guidati dal movimento dei cittadini. La sfida principale della società guatemalteca riguarda il cambiamento del modello di sviluppo e questo è un processo già iniziato con la Piattaforma nazionale per la riforma.

Il Presidente si trova a combattere con reti di corruzione e impunità, delle quali già alcuni membri si trovano in stato di detenzione come, ad esempio, i membri appartenenti alla rete delle frodi all'Autorità Fiscale guidata dall'ex Presidente Otto Pérez Molina, dall'ex Vice Presidente Roxana Baldetti, e per altri reati dall'ex Presidente del Congresso della Repubblica, Pedro Muadi, nonché dal Segretario Generale della Presidenza, da ex Sindaci e Deputati, da funzionari e fornitori dell'Istituto di Previdenza Sociale. In ogni caso, già nella fase di transizione e ancora prima di assumere la Presidenza, sono diminuite le critiche sulla preparazione politica di Morales.

Nel 2012 Morales ha fatto parte, appunto, del Fronte di convergenza nazionale (Fcn), piccolo partito espressione dei veterani dell'esercito. Un settore estremista di destra, che nega la selvaggia repressione e lo sterminio dei contadini maya durante la guerra civile degli anni '80. Questo suo passato suscita qualche perplessità in Europa. Lei cosa ne pensa?

Morales ha partecipato nel 2011 come candidato a Sindaco di Mixco vicino a Città del Guatemala senza riuscire a essere eletto. Nell'attuale contesa politica ha iniziato con una bassa percentuale di voti, ma la crisi del sistema politico iniziata nel mese di aprile ha dato un largo spazio all'anti-voto. Così Morales è risultato il più eletto sia nel primo turno che in occasione del ballottaggio. La percezione è che se è vero che il Fronte nazionale di convergenza è nato dall'Associazione dei Veterani militari del Guatemala (NGF), è anche vero che in passato non ha mai avuto un significativo ruolo nella politica nazionale.

Il voto che ha fatto eleggere il presidente Morales è essenzialmente il voto dei giovani cresciuti al di fuori del conflitto armato. Questi giovani sono immersi in una nuova dinamica e hanno un modo diverso di vedere le cose. Inoltre, l'Esercito per la prima volta da quando è stato istituito nel 1871, è completamente assente dalla crisi politica del paese.

Uno dei problemi maggiori per il Guatemala è rappresentato dall'insicurezza e dalla violenza. Non c'è il pericolo che il Presidente nell'affrontare questo problema finisca per sconfinare in un nuovo autoritarismo anti democratico?

Non esistono più nel paese le condizioni per soluzioni autoritarie non democratiche. La questione della violenza ha diverse radici: una è legata alla struttura stessa dello Stato e al dibattito sul suo fallimento. L'altra riguarda i livelli e le condizioni di crescita del Guatemala. Inoltre, siamo un Paese di transito per il traffico della droga.

La questione della violenza riguarda la responsabilità della società nel suo insieme. La violenza spinge i nostri emigranti, compresi i minorenni, a trasferirsi negli Stati Uniti d'America. In questo contesto s'inserisce positivamente il processo d' integrazione centroamericana nell'ambito dell'accordo-quadro sulla sicurezza democratica.

Lei che conosce molto bene l'Italia, come vede il futuro della collaborazione imprenditoriale e commerciale tra i due Paesi?

Esistono due strumenti importanti: l'accordo di Associazione tra l'Unione europea e l'America centrale e la legge di riforma della cooperazione italiana, con la costituzione di un fondo per le Joint Ventures delle piccole e medie imprese e che vede l'IILA svolgere un'attività d'eccellenza. I risultati dipendono dai nostri Paesi.

Nel caso del Guatemala si sta dando corso al Piano Sperimentale realizzato con i Consoli onorari. I risultati sono ancora limitati a causa della crisi dell'Unione europea e della situazione economica italiana.

Ad ogni modo, l'Enel ha mantenuto, ad esempio, la sua presenza nel settore dell'energia idroelettrica. C'è, poi, un progetto di promozione delle tecnologie italiane portata avanti dall'Agenzia di cooperazione Asti con la promozione in Guatemala di iniziative nel settore del trattamento delle acque reflue, degli zuccherifici, del trattamento dei rifiuti urbani e della meccanizzazione dell'agricoltura e dell'agroalimentare. Infine, segnalo la grande attività esercitata dalla Camera di Commercio italo-guatemalteca.

Articolo di **Alessandro Zarlatti**

(Giornalista)

Punto Continenti – 8 maggio 2016

E' GIUNTA L'ORA DEL TAMARRO CUBANO

Riceviamo e volentieri pubblichiamo un commento inviato a Punto Continenti dal giornalista e scrittore italiano Alessandro Zarlatti sulla svolta economica e sociale che sta vivendo Cuba dopo la 'riappacificazione' con gli Stati Uniti. L'analisi di Zarlatti è impietosa e merita di essere valutata.

L'articolo riflette, comunque, il particolare momento storico attraversato dall'isola caraibica e le aspettative che hanno alimentato le aperture tra il Presidente americano Barack Obama e il Presidente del Consiglio di Stato di Cuba, Raul Castro. Aperture che notoriamente sono state raffreddata, anche se non congelate del tutto, dal nuovo Presidente degli Stati Uniti Donald Trump.

Se chi legge crede che il denaro sia il metro per misurare lo stato di benessere e di felicità di un popolo, gli consiglio di interrompere qui la lettura. Nessuna demonizzazione del denaro, figurarsi, ma è un'analisi molto semplice: servono cifre sul Pil, sul reddito medio e il gioco è fatto.

Perseguendo invece il buon-demone, e cioè percorrendo un tratto di una prospettiva eudemonica, cerco di dire due o tre cose che so di lei. Di Cuba, intendo, paese dove vivo e lavoro.

Sta cambiando? Sembra di sì. Aperture, dialoghi, collaborazioni economiche, forti investimenti. É ragionevole pensare che nei prossimi decenni il popolo cubano avrà il portafoglio più pieno e maggiori possibilità di scelta tra prodotti e opportunità. Ora la domanda è: quando c'è più denaro c'è più felicità? Non lo so. Non in modo così automatico.

Credo che il denaro possa concorrere a costruire un senso di soddisfazione, di non preoccupazione, di pace. E su questo terreno fertile credo possa attecchire qualche forma di felicità.

Ma gli anni e l'esperienza mi dicono che procurarsi questa ricchezza ha un prezzo da pagare. Un prezzo che rema contro proprio a quella ricerca della felicità che si persegue.

É qui il nodo, a mio parere, più importante. L'iniziativa privata, la conseguente divisione in classi, chi può e chi non può, 'to have and to have not' direbbe Hemingway, la tanto celebrata concorrenza, sono elementi che infiacchiscono (in Italia lo sappiamo bene, io credo) fino ad uccidere ogni tipo di rete sociale, di buona comunicazione, di senso profondo di una comunità, in una parola sola: di sensibilità umana. Questo è il modello che tanto facilmente sta facendo proseliti a Cuba, un individualismo ottuso, e dai suoi primi esordi non promette nulla di buono.

Si sta affermando rapidamente una classe di nuovi 'ricchi' cafoni e ignoranti. Sono parole dure ma è giusto chiamare lo cose col proprio nome.

Si sta delineando la figura del tamarro (a Roma sarebbe il coatto, altrove avrebbe altri nomi) caraibico, così tanto a tinte disperatamente forti che Antonio Cassano al confronto è un pacato signore dai gusti raffinati. Ironizzo ma parlo di un cafone senza neanche duemila anni di storia e cultura a mitigare la sua tracotanza.

In occasione della visita di Obama, un amico giornalista che veniva da New York mi diceva con sconcerto: "Alessandro, da quello che vedo, i cubani giovani sono una massa di coatti allucinanti…". Io mi chiudevo in un silenzio meditabondo.

Il tamarro cubano ha la sua immancabile macchinona lavata, la sua musica di riferimento, il reggaeton, che gli conferma i suoi valori e i suoi principi, il suo concetto di un femminile imbarazzante, le sue puttane, il suo cinismo, il suo rifiuto per la cultura in ogni forma.

Flirta con l'America di *Fast and furious*, stima tale Pitbull, si mette la croce al collo perché l'ha visto fare a un dj e sogna denaro e ancora denaro. Ah, e ovviamente ha rimosso sessant'anni di rivoluzione come fossero un incubo terrificante che complottava contro l'affermazione del suo meraviglioso ego sul pianeta terra.

Ometti da nulla, si potrebbe dire, se non fossero già la maggioranza. E il tamarro cubano è felice? No, credo che nel suo caso (come in quello di tutti i tamarri del mondo) non si possa neanche parlare di felicità.

Stiamo ad un livello pre-umano nel quale felicità e infelicità si attestano ad un grado di elaborazione elementare come caldo-freddo, duro-morbido, ruvido-liscio.

Ecco, il grosso rischio, a mio giudizio, è che i valori della Rivoluzione Cubana vengano messi in soffitta in una manciata di mesi da questo tipo di individui.

Cuba è una Paese come mille altri dell'area. Non ha nulla di particolare. Non è più bello di altri. Spiagge, architettura coloniale anche un po' sfasciata, belle ragazze. Punto.

Per me l'unico, per molti versi incredibile, elemento di discontinuità nel moto perpetuo delle chiappe delle mulatte, dei ballerini con il ritmo nel sangue, dei dittatorelli con la faccia d'ananas, dei negretti sdentati che ti lustrano le scarpe, è stata la Rivoluzione Cubana.

Nelle sue mille contraddizioni e storture ha creato generazioni colte e solidali, strade personalissime nelle arti, nella ricerca scientifica, nella ricerca di quella che, in ultima analisi, è la meta di tutti, la felicità appunto.

Ha sdoganato e reso alta la cultura negra, di per sé cultura della schiavitù, dell'animismo e della superstizione. Una cultura che senza la rivoluzione torna ad essere la zucca di Cenerentola senza la fatina. Ha integrato masse di esclusi, le ha istruite e le ha fatte sedere al grande tavolo della cosa comune per la firma del contratto sociale.

Ecco, tutto questo terrorizza il grande tamarro cubano, tutto questo è vissuto come un grande ostacolo alla realizzazione individuale dal grande tamarro cubano.

Per lui chi studia è un coglione (mi ricorda qualcosa...), chi vuole fare le cose per bene, senza bustarelle e commissioni e pagando le tasse è un coglione (mi ricorda ancora qualcosa...), per lui chi dice timidamente che *Fast and furious* è immondizia è un coglione, retrogrado e conservatore. Bene.

Credo (temo) che il giovane cubano nei prossimi anni avrà più soldi nel portafoglio ma li spenderà tutti per assicurarsi il cofanetto completo di Pitbull o la crema che promette di sterminare la cellulite di un intero quartiere e sarà roso dal sospetto costante di aver perso qualcosa per strada, forse le chiavi di casa, o forse qualcosa di più importante che proprio non riesce a ricordare.

9 781979 487894